CONNAIS-TOI TOI-MÊME

DÉCOUVREZ VOTRE PROFIL PERSONNEL ET SON EFFET SUR LES AUTRES

P. Mongeau - J. Tremblay

CONNAIS-TOI TOI-MÊME

DÉCOUVREZ VOTRE PROFIL PERSONNEL ET SON EFFET SUR LES AUTRES

Strict
Discret
Impulsif
Analyste
Sceptique
Convaincant

MAXIMA
LAURENT du MESNIL • ÉDITEUR

Pierre Mongeau, diplômé en psychologie, partage son activité entre la formation aux techniques de travail en groupe (leadership, prise de décision dans les organisations, etc.) et le développement d'outils pédagogiques. Il est Professeur à l'Université du Québec.

Titulaire d'une maîtrise en psychologie, **Jacques Tremblay** intervient en tant que formateur et consultant aussi bien auprès d'entreprises que d'individus. Analyste des phénomènes psychosociaux, c'est un spécialiste reconnu de la dynamique de groupe.

Pierre Mongeau et Jacques Tremblay se sont associés pour écrire *Connais-toi toi-même, découvrez votre profil personnel et son effet sur les autres* dont la version canadienne est parue sous le titre *Connaître votre profil et son effet sur les autres.*

Déjà paru chez le même éditeur

L'Impact maximum, être meilleur en réunion, 1991.

MAXIMA
LAURENT du MESNIL • ÉDITEUR

192, bd Saint-Germain, 75007 Paris

ISBN : 2.84001-054-2

Chacun fait ce qu'il peut avec ce qu'il est

Table des matières

INTRODUCTION 15

CHAPITRE 1 : Le test 19
Le questionnaire d'auto-évaluation
des modes d'interaction en groupe 20
L'interprétation 27

CHAPITRE 2 : Les six modes et leurs portraits cliniques 32

CHAPITRE 3 : Le mode *impulsif* : entre la bombe et l'oubli 34
Ses convictions
Le groupe : *une partie de foot ou de hockey* 34
Ses émotions
Une constante : *la fébrilité du cascadeur* 35
Ses contributions
En réunion : *ça passe ou ça casse* 37
En situation de conflits : *il trouve ceux qui le cherchent* 41
Ce que ce mode révèle : *un sismographe de groupe* 42
Dans d'autres rôles : *un bulldozer* 43
Ses nœuds
Une image : *le marginal fiable* 45
Un point fort : *c'est maintenant ou jamais* 46
Un piège : *si ça réagit, c'est bon* 47
Une clé : *la complicité* 49

CHAPITRE 4 : Le mode *convaincant* :
entre le «zapping» et la désapprobation 51
Ses convictions
Le groupe : *une agora* 51
Ses émotions
Une constante : *le trac de la vedette* 53
Ses contributions
En réunion : *le projet justifie les moyens* 55
En situation de conflits : *il ne faut jamais perdre la face* 58
Ce que ce mode révèle : *fusion et scission* 59
Dans d'autres rôles : *une vedette* 60
Ses nœuds
Une image : *le caméléon flamboyant* 62
Un point fort : *tous pour un* 62
Un piège : *ceux qui me suivent m'aiment* 63
Une clé : *la différenciation* 64

CHAPITRE 5 : Le mode *analyste* :
entre la perplexité et la confusion 66
Ses convictions
Le groupe : *un obscur enchevêtrement* 66

Ses émotions
Une constante : *le brouillard* 67
Ses contributions
En réunion : *la compréhension d'abord* 69
En situation de conflits : *raisonner la tension* 72
Ce que ce mode révèle : *le silence ou le bruit* 73
Dans d'autres rôles : *un stratège* 74
Ses nœuds
Une image : *le phare obscur* 76
Un point fort : *la tête hors de l'eau* 77
Un piège : *si je comprends, il n'y a pas de problème* 78
Une clé : *l'engagement* 80

CHAPITRE 6 : Le mode *strict* : entre la rigidité et le chaos 82
Ses convictions
Le groupe : *une cour d'école* 82
Ses émotions
Une constante : *prends pas ça personnel* 84
Ses contributions
En réunion : *les règles sont sacrées* 86
En situation de conflits : *un gant de fer* 89
Ce que ce mode révèle : *trop ou pas assez* 89
Dans d'autres rôles : *un préfet* 90
Ses nœuds
Une image : *équitable et borné* 92
Un point fort : *la ligne droite* 93
Un piège : *la marmite à pression* 94
Une clé : *le pragmatisme* 95

CHAPITRE 7 : Le mode *sceptique* : entre la suspicion et le non-dit 96
Ses convictions
Le groupe : *une arène et une illusion* 96
Ses émotions
Une constante : *le plaisir du cynique ou la désespérance* 99
Ses contributions
En réunion : *un empêcheur de tourner en rond* 100
En situation de conflits : *un savon qui glisse entre les doigts* 104
Ce que ce mode révèle : *il n'y a pas de fumée sans feu* 105
Dans d'autres rôles : *un examinateur* 106
Ses nœuds
Une image : *le pessimiste réaliste* 108
Un point fort : *les deux pieds sur terre* 109
Un piège : *les autres, c'est l'enfer* 110
Une clé : *la confiance* 111

CHAPITRE 8 : Le mode *discret* : entre le chez-soi et le rejet 113
Ses convictions
Le groupe : *une loterie* 113
Ses émotions
Une constante : *inquiétude et générosité* 115
Ses contributions
En réunion : *l'oreille* 116
En situation de conflits : *le silence est d'or* 119
Ce que ce mode révèle : *solidarité et solitude* 121
Dans d'autres rôles : *une bonne personne* 122
Ses nœuds
Une image : *le fuyant respectueux* 124
Un point fort : *la balance du pouvoir* 125
Un piège : *attente et espoir* 127
Une clé : *l'audace* 128

CHAPITRE 9 : En résumé : accepter la diversité dans le groupe 131
Tableau synthèse des modes d'interaction en groupe 133

CHAPITRE 10 : Les fondements théoriques 134
Les praticiens 136
Les universitaires 140
Deux mondes parallèles 145
La méthode de la recherche 147
Les résultats 148

ANNEXE : Analyses statistiques et résultats 153
Tableau I : Classification en fonction du coefficient de corrélation 156
Tableau II : Classification des modes en fonction du coefficient de corrélation 157
Tableau III : Inertie des personnages sur les facteurs 1 et 2 157
Tableau IV : Inertie relative des énoncés (solution oblique sur six facteurs) 158
Tableau V : Classification en fonction de la distance euclidienne 160
Tableau VI : Référence de la solution oblique sur trois facteurs 161
Tableau VII : Coefficients de consistance interne des regroupements 162
Tableau VIII : Corrélations intermodes 162
Tableau IX : Corrélations entre les trois dimensions 162
Tableau X : Corrélations entre les deux grandes tendances 162

Bibliographie 163

Remerciements

Nous tenons à remercier sincèrement tous ceux qui de près ou de loin ont contribué à cet ouvrage. Mentionnons d'abord tous les participants anonymes qui ont pris de leur temps pour remplir nos questionnaires, puis tous ceux et celles, collègues et amis, qui par leurs commentaires et leurs suggestions ont particulièrement bonifié la rédaction des portraits cliniques. Nous ne doutons pas que ces personnes se reconnaîtront.

Introduction

Cet ouvrage se veut un outil au service de l'analyse et de la réflexion personnelle. Il s'adresse à quiconque cherche à mieux se connaître et à mieux comprendre comment et à quoi réagissent les autres. Il vise à permettre à chacun de mieux identifier son potentiel et ses limites quant à ses façons de réagir en groupe. L'objectif de l'exercice est de mieux composer avec soi-même et avec les autres, plutôt que de se heurter mutuellement.

Ce livre a été pensé dans le but d'être utilisé. Le cœur de cet ouvrage est un instrument, un outil qui permet de mieux cerner notre manière d'être lorsque nous nous trouvons en relation avec les autres, du moins dans un contexte de groupe de travail. Il permet, par exemple, de mieux identifier les rôles que nous sommes portés à jouer ou à assumer lors de réunions. Précisément, il permet au lecteur de se comparer à des portraits cliniques élaborés à partir d'une enquête menée sur plusieurs années, auprès de quelques centaines de personnes. Ces portraits cliniques décrivent des modes d'interaction typiques, c'est-à-dire des manières d'être et d'agir fréquemment observées dans des situations où plusieurs personnes se sont trouvées réunies dans un même lieu. À l'aide de cet instrument, chacun peut tracer son profil individuel et ainsi mieux identifier son style personnel.

Presque tous les ouvrages consacrés aux relations interpersonnelles ainsi qu'aux réunions de groupe cherchent à présenter une ou des recettes pour asssurer la bonne participation des membres et le meilleur fonctionnement possible du groupe. De même, les sessions de formation pour consolider les équipes, pour apprendre à partager, à communiquer, à planifier ses interventions, etc., ne manquent pas. Ils sont très nombreux ceux qui veulent nous dire comment être de bons participants. Pourtant, combien d'entre nous, ou même d'entre tous ces formateurs, peuvent vraiment affirmer qu'il leur est toujours facile de travailler avec les autres ?

En fait, tout le monde s'accorde pour dire qu'il est relativement difficile de travailler en groupe, même si la plupart du temps tous et chacun font de leur mieux et sont de bonne foi. Cela n'empêche pourtant pas les difficultés de s'amonceler malgré tout. Comment cela se fait-il ? Qu'est-ce qui va mal ?

D'aucuns répondent que c'est à cause des multiples perceptions des membres, des problèmes de communication, d'actions mal agencées, de sentiments non avoués, de manque de sensibilité, etc. Quant à nous, nous avons voulu répondre à cette question à partir des gens et des participants eux-mêmes, plutôt qu'à partir de l'expertise des seuls praticiens et scientifiques. Ainsi, à l'opposé de nombreux ouvrages, nous nous sommes intéressés ici à l'envers des théories qui dictent quoi faire ou comment être un bon participant. Nous nous sommes plutôt intéressés à la question suivante : pourquoi cela va-t-il mal malgré la bonne foi de tous ?

Nous avons d'abord écouté et recueilli les commentaires de gens, en réunions et hors réunions, concernant leur propre participation et la participation des autres. Quelques centaines d'affirmations ont ainsi été recensées. Ces énoncés nous ont permis de mettre en lumière six différentes manières d'être et d'agir en groupe; six façons d'être, six modes distincts d'interaction en groupe, qui possèdent chacun leurs propres convictions et leurs propres craintes. Six mondes qui s'entrechoquent parfois !

À partir des énoncés recueillis, nous avons développé un court test pour cerner nos tendances à intervenir sur un mode plutôt qu'un autre. Toutefois, il est rare que le style d'intervention d'une personne corresponde exactement et uniquement à un seul des six modes identifiés. En général, le style d'interaction propre à chaque personne correspond à une combinaison de deux ou trois de ces modes. Il s'agit du profil de la personne. L'interprétation de ce profil créé par la combinaison de quelques modes d'interaction s'effectue à l'aide des portraits cliniques qui décrivent chacun de ces modes. Chaque lecteur est donc invité à lire plus particulièrement les chapitres de cet ouvrage qui décrivent les différents modes d'interaction qui composent son profil personnel. En effet, chaque mode est présenté à l'aide d'un portrait clinique représentant un personnage fictif qui incarnerait de façon idéale un seul de ces modes. Ils ne représentent pas des personnes réelles. Ces personnages sont fictifs au sens où ils ne sont que possibles ou probables. Ils servent simplement à illustrer de façon concrète des tendances statistiques. Ils représentent d'une manière caricaturale les caractéristiques de chacun des modes d'interaction que notre recherche nous a permis d'identifier. Par ailleurs, chaque portrait est relativement détaillé, et présente les principales forces et limites du personnage. On y explique également ses principales convictions, ses réactions émotives, les contributions qu'il peut apporter à un groupe, selon divers contextes, les pièges du mode d'interaction, etc..

La première partie de cet ouvrage est essentiellement constituée d'un questionnaire suivi de sa procédure de compilation et des éléments requis pour son interprétation. Les formulaires nécessaires au calcul des résultats suivent immédiatement le test. L'ensemble du processus se termine par l'établissement du profil des tendances propres à notre style d'interaction en groupe. Les personnes qu'une telle démarche rebute pourront aller directement à la deuxième partie de l'ouvrage, si elles le désirent, et tenter de cerner leur propre mode de participation en groupe en consultant les descriptions des différents modes d'interaction.

La deuxième partie de ce livre décrit les six modes d'interaction. On y présente aussi ce que l'on pourrait appeler des grandes tendances. Les caractéristiques de chaque mode sont expliquées. Chaque description comporte quatre aspects ou sections. La première décrit les convictions de base. Elle cherche à mettre en évidence les diverses convictions qui sous-tendent le mode d'interaction. La deuxième illustre les principales contributions du mode d'interaction à la vie du groupe. Elle veut montrer son apport spécifique à la vie du groupe et sa nécessité systémique. La troisième souligne les pièges qui lui sont particuliers. Elle met en évidence les stratégies par lesquelles chaque mode d'interaction permet à la personne concernée de confirmer ses convictions et l'utilité de ses interactions en groupe. Cette section montre ainsi comment la personne s'enferme dans son propre monde. La dernière section suggère des clés pour déjouer ces stratégies d'autoconfirmation. Elle décrit des interactions qui pourraient permettre aux uns de dénouer leurs propres pièges, et aux autres de mieux composer avec une personne qui réagit selon ce mode d'interaction. À la fin de cette partie du livre, un tableau synthèse rappelle et met en perspective les principales caractéristiques de chaque mode d'interaction.

La troisième et dernière partie de l'ouvrage présente les fondements théoriques de notre recherche. Elle inclut un survol des diverses études concernant les modes d'interaction en groupe : styles de participation ou styles de leadership. Notre cadre théorique y est aussi plus abondamment développé. Les lecteurs intéressés à connaître le détail de notre méthodologie de recherche ou de nos résultats statistiques pourront s'y référer plus spécifiquement.

Chapitre 1

Le test

L'instrument que nous présentons ici prend la forme d'un test simple auquel le lecteur est invité à répondre avant même d'entamer la lecture des autres sections. Ce test est issu de cinq années de recherche auprès de plus 300 personnes inscrites à des sessions de formation au travail de groupe ou au leadership. Il a été validé auprès d'une vingtaine d'équipes de travail et d'autant de groupes d'étudiants en animation de groupe. On trouvera le détail de cette recherche dans le chapitre 10, «Les fondements théoriques». Par ailleurs, la réalité étant toujours plus riche que la lecture qu'on peut en faire, cet outil de défrichage, comme tous les instruments d'analyse, comporte sa part de limites. Même si les résultats à ce test permettent de tracer un certain profil de notre manière d'être en groupe, même s'ils révèlent leur part de vérité, ils ne révèlent certainement pas tous les aspects de notre participation! De plus, il ne s'agit pas d'un test de personnalité. Ses visées se limitent au monde des interactions en situation de groupe ou, plus exactement, en situation de réunions de travail. Il permet de comparer rapidement et efficacement certaines de nos croyances et convictions concernant le travail en groupe à celles d'un grand nombre de gens.

Le questionnaire comporte 30 questions. Le lecteur n'a qu'à cocher, pour chacune de ces questions, l'une des quatre cases proposées selon qu'il est «en désaccord», «plutôt en désaccord», «plutôt en accord» ou «en accord».

Pour établir le profil de votre style de participation de la façon la plus juste possible, nous vous suggérons de répondre au

Le questionnaire d'auto-évaluation des modes d'interaction en groupe

Pierre Mongeau, Ph. D., psychologue, professeur, UQAR;
Jacques Tremblay, M. Ps., psychologue, consultant organisationnel.

Cochez : vers le «–» si vous êtes en désaccord;
vers le «+» si vous êtes en accord.

	en désaccord	1	2	3	4	en accord
1. J'ai tendance à exprimer promptement mon avis.	–	☐	☐	☐	☒	+
2. Je fais souvent part de mes analyses.	–	☐	☐	☒	☐	+
3. J'appuie plus souvent que je ne propose.	–	☐	☒	☐	☐	+
4. Je suis préoccupé-e par le respect de l'horaire.	–	☐	☐	☒	☐	+
5. Il est important que je sois perçu-e parmi les gagnants-es.	–	☐	☒	☐	☐	+
6. J'interviens surtout pour mettre en perspective l'ensemble des éléments.	–	☐	☐	☒	☐	+
7. Lors d'un conflit, je communique ma compréhension des enjeux.	–	☐	☐	☐	☒	+
8. Je me fie peu aux autres.	–	☐	☐	☒	☐	+
9. Je m'exprime souvent sous le coup de l'impulsion.	–	☐	☐	☒	☐	+
10. Je suis plutôt effacé-e.	–	☒	☐	☐	☐	+
11. J'utilise toutes les occasions pour obtenir l'adhésion à mes propositions.	–	☐	☒	☐	☐	+
12. Les personnes qui prennent trop de place m'intimident.	–	☒	☐	☐	☐	+
13. J'ai besoin qu'on approuve ouvertement mes interventions.	–	☐	☐	☒	☐	+
14. Je m'exprime souvent pour faire des liens avec les objectifs du groupe.	–	☐	☐	☒	☐	+
15. Je m'exprime d'abord spontanément et j'analyse ensuite.	–	☐	☐	☒	☐	+
16. Je m'exprime souvent pour tenter de persuader, de vendre une idée ou un projet.	–	☐	☒	☒	☐	+
17. Mieux vaut risquer d'être mal jugé-e que de laisser le désordre s'installer.	–	☐	☐	☒	☐	+
18. Je doute des bonnes intentions des autres.	–	☐	☐	☒	☐	+
19. Je reste toujours silencieux-se lors de confrontations entre d'autres membres.	–	☐	☐	☒	☐	+
20. Je m'assure toujours que les règles et procédures soient respectées.	–	☐	☐	☒	☐	+
21. Se méfier de quelqu'un c'est le respecter.	–	☐	☒	☐	☐	+
22. Il faut toujours être aux aguets et chercher à savoir à qui profitera une décision.	–	☐	☒	☐	☐	+
23. Lors de problèmes interpersonnels, j'ai tendance à tout ramener à un conflit d'intérêts.	–	☐	☒	☐	☐	+
24. Je ne peux m'empêcher d'exprimer ce que je pense ou ce que je ressens.	–	☐	☐	☒	☐	+
25. Il est essentiel de s'efforcer d'être structuré, sinon c'est le chaos.	–	☐	☐	☐	☒	+
26. Je m'assure toujours que les tâches soient équitablement réparties entre les membres.	–	☐	☐	☐	☒	+
27. Il m'arrive fréquemment de noyer mes idées parmi celles des autres.	–	☒	☒	☐	☐	+
28. J'ai un tempérament de vendeur; je cherche à convaincre tout le monde.	–	☐	☒	☐	☐	+
29. Il est essentiel de bien établir où l'on va.	–	☐	☐	☒	☐	+
30. Les autres savent généralement ce que je pense d'eux.	–	☐	☐	☐	☒	+

questionnaire avant de prendre connaissance de la description des modes d'interaction en groupe. D'autre part, il est aussi préférable de toujours se référer à un même groupe de travail pour l'ensemble des questions. Le profil obtenu n'en sera que plus fiable. On comprendra qu'une personne puisse être très active dans un groupe dont la tâche lui tient à cœur et être plutôt passive dans un autre groupe où sa présence est imposée. Ainsi, penser à un groupe particulier pour une question et à un autre groupe pour telle autre question pourrait grandement affecter la validité des résultats.

Après avoir rempli le questionnaire, inscrivez vos réponses sur la «Feuille de calcul des résultats bruts» (page 22). La réponse donnée à chacune des questions doit être reportée dans le tableau du haut intitulé «Résultats bruts pour chaque mode d'interaction», vis-à-vis du numéro de la question. Par exemple, si votre réponse à une question est «en accord», inscrivez «4» dans la case vide immédiatement à droite du numéro de la question. Lorsque tous vos résultats auront été transcrits, additionnez ces nombres dans chacune des six colonnes du tableau.

Ensuite, remplissez les tableaux du bas de la feuille de calcul en vous servant de chacun des six totaux du tableau «Résultats bruts pour chaque mode d'interaction». Il faut reporter le total obtenu pour chaque colonne vis-à-vis des titres correspondants dans les tableaux du bas. Par exemple, si pour la colonne «Analyste» vous avez obtenu un total de «15», inscrivez «15» dans la case vide immédiatement à droite du mot «Analyste» dans tous les tableaux du bas où le mot «Analyste» apparaît. Répétez l'opération de façon à remplir toutes les cases. Ensuite, calculez le total des chiffres inscrits dans chaque tableau.

Les résultats bruts calculés à l'aide de la feuille de calcul ne peuvent pas directement servir à compléter l'«Indicateur de profil» (pages 26 et 27). Ils ne doivent pas être directement interprétés. Seuls les résultats transformés en «percentiles» doivent être utilisés. Les «Tables de conversion des résultats bruts» (pages 24 et 25) indiquent les valeurs à retenir selon vos résultats bruts. Par exemple, si vous avez obtenu un total de «18» pour la colonne «Analyste», votre percentile est de «75»; si votre résultat était de «17», votre percentile serait approximativement à michemin entre «50» et «75». Ce percentile indique le pourcentage

Feuille de calcul des résultats bruts

Pierre Mongeau, Ph. D., psychologue, professeur, UQAR;
Jacques Tremblay, M. Ps., psychologue, consultant organisationnel.

Inscrire et comptabiliser dans les tableaux ci-dessous ces résultats bruts. Notez cependant que ces résultats bruts ne peuvent pas être directement comparés et interprétés. Seuls les percentiles peuvent servir à compléter l'*Indicateur de profil* fourni à titre de support pour l'interprétation des résultats.

Résultats bruts pour chaque mode d'interaction :

Valeurs à inscrire: 1 2 3 4
☐ ☐ ☐ ☐

Impulsif	Convaincant	Analyste	Strict	Sceptique	Discret
1 : 4	5 : 2	2 : 3	4 : 3	8 : 3	3 : 2
9 : 3	11 : 2	6 : 3	17 : 3	18 : 3	10 : 1
15 : 3	13 : 3	7 : 4	20 : 3	21 : 2	12 : 1
24 : 3	16 : 3	14 : 3	25 : 4	22 : 2	19 : 3
30 : 4	28 : 2	29 : 3	26 : 4	23 : 2	27 : 1
Total : 17	Total : 12	Total : 16	Total : 17	Total : 12	Total : 8

Résultats globaux:

Proactif

Total de la colonne «Impulsif»	17
Total de la colonne «Convaincant»	12
Total de la colonne «Analyste»	16
Total	: 45

Réactif

Total de la colonne «Discret»	8
Total de la colonne «Sceptique»	12
Total de la colonne «Strict»	17
Total	: 37

Fonctionnement

Total de la colonne «Strict»	17
Total de la colonne «Analyste»	16
Total	: 33

Production

Total de la colonne «Impulsif»	17
Total de la colonne «Convaincant»	12
Total	: 29

Échanges

Total de la colonne «Discret»	8
Total de la colonne «Sceptique»	12
Total	: 20

de gens de notre échantillon qui ont eu un résultat inférieur au vôtre. Ainsi, si votre résultat indique un percentile de 75, cela indique que 75% des gens sont moins «analystes» que vous, ou encore que 25% le sont plus que vous. Plus concrètement encore, disons que, sur la centaine de personnes qui composent l'échantillon utilisé pour calculer ces percentiles, 90 ont eu un résultat inférieur au vôtre si votre percentile est de «90». De même, seulement 10 personnes de notre échantillon ont eu un résultat inférieur au vôtre si votre percentile est de «10». Il s'agit sans doute ici de l'opération la plus fastidieuse de la compilation des résultats mais elle en facilite grandement l'interprétation.

Au fur et à mesure que vous déterminez les percentiles correspondant à vos résultats, complétez l'«Indicateur de profil» (pages 26 et 27). Marquez un point sur les axes correspondant à vos résultats. Ainsi, si vous avez obtenu «75» comme percentile pour le résultat «Analyste», marquez d'un point le trait indiquant le 75e percentile sur l'axe «Analyste». Une fois tous les points placés, vous pouvez rendre le résultat plus visuel en reliant par un trait tous les points d'une même figure. On peut ainsi relier entre eux les trois points des axes «Production», «Fonctionnement» et «Échanges». De même, on peut relier entre eux les six points des axes «Impulsif», «Convaincant», «Analyste», «Strict», «Sceptique» et «Discret».

Tables de conversion des résultats bruts

Lorsque votre résultat brut correspond exactement au nombre indiqué sous les percentiles, marquez d'un point le trait indiquant ce percentile sur l'axe correspondant de l'«Indicateur de profil» (pages 26 et 27).

Lorsque votre résultat brut se situe entre les nombres indiqués sous les percentiles, placez le point entre les traits correspondant à ces percentiles sur l'axe de l'indicateur de profil.

Si, par exemple, votre résultat brut est de 26 pour la tendance à être réactif, marquez d'un point le trait indiquant «10» sur l'axe «Réactif». Si votre résultat est 12, mettez un point approximativement à mi-chemin entre le trait indiquant «0» et celui indiquant «10».

Les axes *Proactif* et *Réactif*

Proactif					
Résultats bruts	35	38	43	47	51
Percentiles	*10*	*25*	*50*	*75*	*90*
Réactif					
Résultats bruts	26	31	35	38	45
Percentiles	*10*	*25*	*50*	*75*	*90*

Les axes *Production, Fonctionnement* et *Échanges*

Production					
Résultats bruts	19	23	26	30	33
Percentiles	*10*	*25*	*50*	*75*	*90*
Fonctionnement					
Résultats bruts	26	28	31	33	36
Percentiles	*10*	*25*	*50*	*75*	*90*
Échanges					
Résultats bruts	13	17	19	23	27
Percentiles	*10*	*25*	*50*	*75*	*90*

Les axes *Impulsif*, *Convaincant*, *Analyste*, *Strict*, *Sceptique* et *Discret*

Impulsif					
Résultats bruts	9	11	13	16	18
Percentiles	*10*	*25*	*50*	*75*	*90*
Convaincant					
Résultats bruts	9	11	13	15	17
Percentiles	*10*	*25*	*50*	*75*	*90*
Analyste					
Résultats bruts	13	15	16	18	19
Percentiles	*10*	*25*	*50*	*75*	*90*
Strict					
Résultats bruts	11	13	15	17	19
Percentiles	*10*	*25*	*50*	*75*	*90*
Sceptique					
Résultats bruts	5	6	8	10	12
Percentiles	*10*	*25*	*50*	*75*	*90*
Discret					
Résultats bruts	7	9	11	14	16
Percentiles	*10*	*25*	*50*	*75*	*90*

Indicateur de profil

Pierre Mongeau, Ph. D., psychologue, professeur, UQAR;
Jacques Tremblay, M. Ps., psychologue, consultant organisationnel.

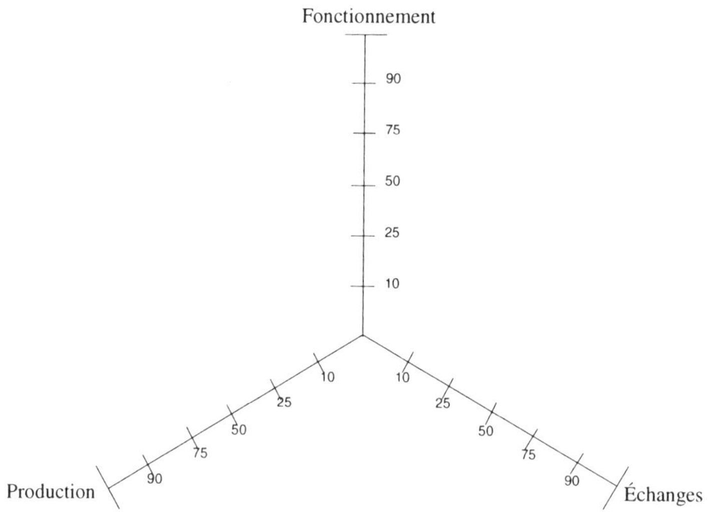

Indicateur de profil

Pierre Mongeau, Ph. D., psychologue, professeur, UQAR;
Jacques Tremblay, M. Ps., psychologue, consultant organisationnel.

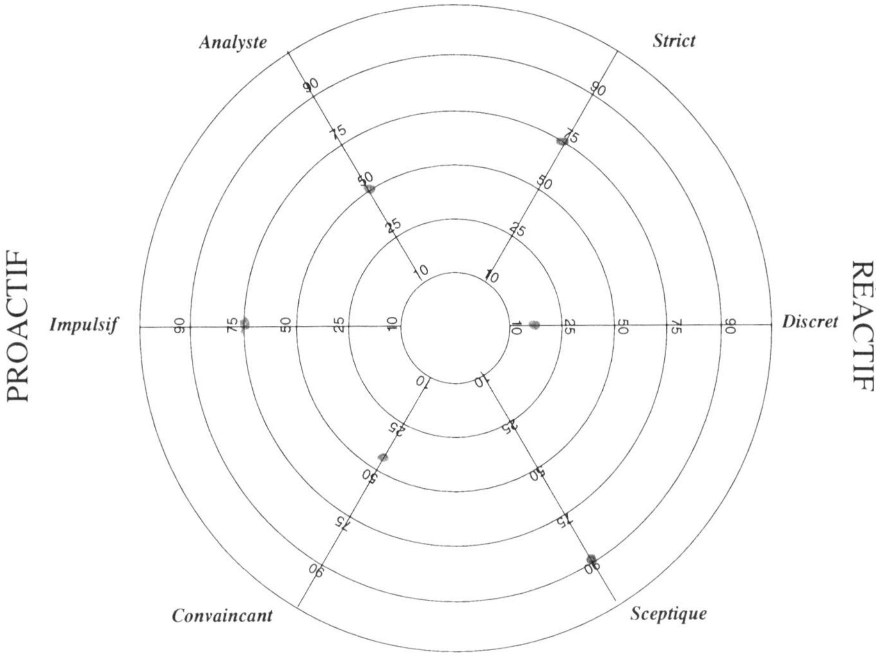

L'interprétation

L'interprétation de l'« Indicateur de profil » s'effectue selon trois niveaux d'analyse[1]. Le premier niveau concerne les tendances générales à être *proactif* ou *réactif* en groupe. Le deuxième niveau d'analyse concerne trois grandes dimensions de la vie en groupe : la *production*, le *fonctionnement* et les *échanges interpersonnels*. Le troisième niveau concerne les six modes d'interaction en groupe : *impulsif, convaincant, analyste, strict, sceptique*

1. On trouvera les justifications de ces divers niveaux d'analyse dans le chapitre 10, « Les fondements théoriques ».

et *discret*[1]. Ce niveau permet une interprétation plus précise et nuancée de notre style personnel d'interaction en groupe.

Le premier niveau d'analyse concerne l'axe «Proactif — Réactif» (page 26). Il nous renseigne sur notre propension à provoquer les événements en groupe, ou à y réagir. La tendance à être proactif désigne une tendance générale à prendre les devants en groupe tandis que la tendance à être réactif désigne une tendance à attendre qu'il se passe quelque chose. Les *proactifs* ont tendance à agir d'abord et à se réajuster ensuite. Ils sont des instigateurs. Ils foncent. À l'opposé, les *réactifs* attendent que les autres se prononcent. Ils sont prudents et patients. Ils veulent entendre les propositions des autres avant de s'avancer.

Le deuxième niveau d'analyse se rapporte aux trois axes de la seconde figure de l'indicateur (page 26). Il nous renseigne sur notre sensibilité à certaines dimensions de la vie de groupe. Précisément, il nous renseigne sur notre propension à être plus sensible à la *production*, au *fonctionnement* ou aux *échanges* entre les membres du groupe. La dimension *production* concerne la tâche proprement dite, le contenu, les décisions et résultats de la réunion. La dimension *fonctionnement* se rapporte à tout ce qui a trait à l'organisation du groupe, à sa structure et à ses méthodes de travail : clarifications, échéanciers, techniques, etc. La dimension *échanges* concerne la qualité des échanges, c'est-à-dire qu'elle porte sur les phénomènes interpersonnels liés aux échanges entre les membres : climat, attitudes, vécu, sentiments, etc.

Ces trois dimensions — *production*, *fonctionnement* et *échanges* — sont toujours présentes, quel que soit le groupe. Toutefois, dans certains groupes, une de ces dimensions peut prendre le pas sur les autres. Tel groupe sera, par exemple, fortement préoccupé par la production au détriment peut-être de la qualité des relations interpersonnelles. De même, certaines personnes sont centrées sur une ou deux de ces dimensions. Par exemple, une personne centrée sur le fonctionnement sera plus préoccupée par les embûches que rencontre le groupe que par la tâche proprement dite. Pour elle, la production dépend justement de la

1. Les chapitres 3 à 9 présentent le détail des ressources et des limites de chacun de ces six modes d'intervention en groupe.

capacité du groupe à analyser ses problèmes tandis que cela pourra représenter une perte de temps pour une autre centrée sur la production.

Le troisième et dernier niveau d'analyse se rapporte aux six axes — «Impulsif», «Convaincant», «Analyste», «Strict», «Sceptique» et «Discret» — de la dernière figure de l'indicateur de profil (page 27). Ce niveau nous renseigne sur notre propension à intervenir sur un mode plutôt qu'un autre. Ou encore, il nous renseigne sur les deux ou trois modes particuliers qui, en se combinant, définissent notre style d'interaction en groupe. Ainsi, au-delà des grandes tendances à être plutôt proactif ou réactif et au-delà de notre sensibilité aux grandes dimensions de la vie du groupe, notre manière d'être et d'agir en groupe est caractérisée par certains traits plus personnels.

Par ailleurs, l'interprétation proprement dite des résultats comporte deux volets : un volet interpersonnel et l'autre intrapersonnel. Au niveau interpersonnel, chaque résultat permet de se comparer à l'ensemble des personnes qui ont répondu au test. Au niveau intrapersonnel, une personne peut comparer entre eux les résultats qu'elle a obtenus pour chacun des modes d'interaction en groupe. Elle peut comparer son résultat pour un mode d'interaction à ceux qu'elle a obtenus pour les autres modes. Ainsi, si vous avez un résultat de 75 comme percentile sur l'axe «Proactif» et de 50 sur l'axe «Réactif», vous pouvez conclure d'une part que vous avez plus tendance à être proactif que 75% des gens et d'autre part que vous êtes autant réactif que 50% des gens. Vous pouvez aussi conclure que vous avez plus tendance à être *proactif* que *réactif*. Plus exactement, vous seriez généralement plutôt porté à foncer, mais il existe de nombreuses situations où vous attendez de voir ce qui va se passer avant de réagir. De même, en comparant entre eux les résultats aux trois axes «Échanges», «Fonctionnement» et «Production», on peut identifier la dimension de la vie d'un groupe dans laquelle on est le plus porté à s'investir. Si vous avez 90 sur un axe, cela signifie que 90% des gens ont moins que vous tendance à investir dans cet aspect de la vie du groupe et, évidemment, que votre sensibilité à cet aspect est certainement plus élevée. Aussi, les résultats aux six axes de la figure de la page 27 peuvent, en plus de nous situer par rapport aux autres gens, être comparés entre eux. Cette dernière comparaison permet de dégager le ou les quelques modes dominants dans notre propre style d'interaction en groupe.

On ne retiendra que le ou les modes d'interaction dont le percentile se démarque véritablement des autres modes. Par exemple, si on obtient 25 sur l'axe «Impulsif», 10 sur l'axe «Convaincant», 75 sur l'axe «Analyste», 90 sur l'axe «Strict», 50 sur l'axe «Sceptique» et 50 sur l'axe «Discret», on sélectionnera les modes *analyste* et *strict*. Notre manière personnelle d'être et d'agir en groupe tiendra probablement d'un mélange des ressources et des faiblesses de chacun de ces deux modes. Par ailleurs, on aura aussi certainement avantage à porter attention aux modes les plus faibles. Dans cet exemple, il s'agit du mode *convaincant* (10%). Ce ou ces résultats plus faibles nous renseignent sur ce qu'on pourrait avoir tendance à délaisser, sinon à dévaloriser, dans la vie de groupe. Ils nous indiquent les éléments qui pourraient nous échapper ou qui nous sont plus difficiles à comprendre et à accepter. D'autre part, si, dans l'ensemble, vos résultats sont semblables, c'est-à-dire tous faibles ou tous forts ou encore tous moyens, cela peut refléter soit votre manière de participer en groupe, soit votre manière de répondre au questionnaire. Ainsi, si en répondant au questionnaire vous avez fait référence à plusieurs situations de groupe différentes, il est possible que les résultats soient dénués de sens. Par contre, si vous avez répondu en fonction d'une même situation de groupe et que vos résultats sont tous faibles, cela reflète peut-être un certain malaise de votre part ou une certaine inhibition de votre participation dans cette situation de groupe. À l'opposé, si tous les résultats sont forts, cela reflète peut-être votre grande variété de stratégies d'interventions en groupe et votre enthousiasme par rapport au travail en groupe, du moins dans cette situation. Finalement, l'interprétation la plus difficile est celle où tous les résultats sont moyens. Si c'est votre cas, il est probable que vous n'êtes excessif dans aucun des modes d'intervention identifiés ici ou encore que votre motivation par rapport à cette situation de groupe est elle-même très moyenne.

D'autre part, ces résultats ne permettent pas de conclure quant aux possibles complicités ou incompatibilités avec les autres membres du groupe. Ils n'indiquent pas les collaborations possibles ou les compétitions probables. Ils reflètent simplement nos modes d'interaction privilégiés. Ils ne permettent aucunement de trancher quant à savoir si «les contraires s'attirent» ou si «ceux qui se ressemblent s'assemblent». Quelqu'un qui serait très «fort» dans les zones où nous sommes plus faibles peut tout aussi bien être un allié précieux qu'un compétiteur acharné.

Toutefois, si tous les membres d'un groupe font le test, cela permet de faire ressortir les dominances ou les manques du groupe. La proportion de proactifs ou de réactifs peut varier d'un groupe à l'autre. De même, l'importance accordée à tel mode d'interaction peut différer grandement. Il peut être très intéressant pour les membres d'une équipe de travail de mettre en commun leurs résultats afin de mieux cerner les forces et les lacunes de l'équipe.

Chapitre 2

Les six modes et leurs portraits cliniques

Comme nous l'avons mentionné au début de l'ouvrage, cette section présente les six modes d'interaction à l'aide de portraits cliniques de personnages fictifs. Ces personnages sont fictifs dans le sens qu'il ne s'agit pas de personnes réelles mais de représentations quelque peu caricaturales qui ne servent qu'à illustrer notre propos. Ils représentent en quelque sorte des archétypes de participants. Leur description permet toutefois de présenter les caractéristiques des modes d'interaction de manière imagée. Les portraits cliniques servent ainsi à l'interprétation du profil personnel d'interaction obtenu lors de la compilation des résultats au questionnaire. En fait, les descriptions de ces personnages ne constituent qu'une base d'interprétation du profil obtenu. Cette interprétation doit avant tout reposer sur une réflexion personnelle visant à identifier les points forts et les points faibles de notre style d'interaction en groupe.

Aussi, il est très rare, voire impossible, que la manière d'intervenir d'une personne corresponde exclusivement à un seul mode. De même, il est peu probable qu'une personne maintienne toujours le même mode d'interaction quelle que soit la situation de groupe dans laquelle elle se trouve. Selon notre expérience, il semble que la majorité des gens aient deux ou trois modes privilégiés, le mode dominant pouvant varier selon la situation.

Le portrait développé pour chaque mode d'interaction commence par une description générale sous forme d'image «impressionniste» du personnage. Il est ensuite question des principaux aspects du mode d'interaction : convictions de base, réactions émotives, contributions à la vie du groupe et, finalement, quelques nœuds psychologiques qui comprennent des points forts, des pièges et des clés qui lui sont propres.

Les convictions de base expriment la représentation de la vie de groupe que s'est construite le personnage. En effet, ses convictions constituent la base sur laquelle s'élaborent sa compréhension et ses explications de ce qui se produit dans un groupe. Elles sont faites d'un amalgame de réflexions et de certitudes élaborées à la suite d'expériences heureuses ou malheureuses, auquel s'ajoutent souvent des éléments conceptuels glanés au cours de sa vie. Cet amalgame de convictions comporte des avantages mais aussi des inconvénients. La plupart du temps, il procure un cadre de référence viable qui influence les actions en groupe. Par exemple, une personne plutôt discrète et silencieuse a pu être amenée à croire qu'il est préférable d'éviter d'attirer l'attention sur elle. Tandis qu'une autre personne plus agressive ou impatiente a pu être amenée à croire que, dans un groupe, il y a toujours des gens qui ne savent pas ce qu'ils veulent et qui suivent celui ou celle qui parle le plus fort ou le plus longtemps. En conséquence, la première sera effacée tandis que la seconde prendra toute la place.

Les contributions à la vie du groupe concernent ce que chaque mode d'interaction apporte de spécifique au groupe. Les contributions dépendent du type d'interaction propre à chaque mode. Elles correspondent aux apports particuliers du personnage, à ce qui le définit comportementalement dans telle ou telle situation.

Les nœuds psychologiques, quant à eux, font référence aux stratégies d'autoconfirmation propres au mode d'interaction, c'est-à-dire aux stratégies par lesquelles le personnage s'organise pour valider sa compréhension des événements. Ces nœuds peuvent, par exemple, expliquer les stratégies par lesquelles le *sceptique* se confirmera qu'il a raison de douter, ou que le *discret* se confirmera qu'il a bien fait de se taire. Les clés présentées avec ces nœuds renvoient à des tactiques visant à déjouer ces stratégies d'autoconfirmation, comme les tactiques à employer avec un *strict* pour éviter que le groupe ne s'embourbe dans les procédures.

En terminant, il apparaît important de souligner qu'aucun des six modes d'interaction présentés ici n'est meilleur qu'un autre. Ils sont tous aussi «bons» et «mauvais» les uns que les autres.

Chapitre 3

Le mode *impulsif* : entre la bombe et l'oubli

Le participant qui interagit sur le mode *impulsif* a grandement tendance à être *proactif.* Il se caractérise par des excès momentanés qui se manifestent tant par les paroles que par les gestes. En fait, toute son attitude générale dénote une difficulté à se retenir et à se contrôler dans ses interventions auprès du groupe. Le membre qui participe sur un mode *impulsif* se laisse littéralement emporter par ses impulsions. Il doit absolument les exprimer. Il doit décompresser; il faut que ça sorte, au risque de blesser ou de heurter certaines personnes. Tous doivent savoir ce qu'il a à dire et tout de suite.

Pour mieux cerner le personnage, disons qu'il peut parfois être qualifié, selon le moment ou le contexte, de hardi, de dynamiseur, d'insolent, d'énergique, d'impétueux, d'entreprenant, de provocant, de téméraire, d'arrogant, d'audacieux, de fougueux, d'osé. En bref, le participant sur le mode *impulsif* correspond plus ou moins directement à l'image que l'on se fait des farceurs qui interviennent souvent de façon non pertinente, ou encore des personnes qui explosent tout à coup sans que l'on sache pourquoi, sans que l'on ait été prévenu.

Ses convictions

Le groupe : *une partie de foot ou de hockey*

La conviction de base du participant qui intervient sur le mode *impulsif* est que tout groupe nécessite la participation de chacun.

Pour ce participant, le travail en groupe représente une occasion de se dépasser. Le travail d'équipe est une occasion de faire encore plus que ce qu'on aurait pu faire seul. Le groupe n'est pas un lieu de repos ou une façon de travailler moins fort, c'est un défi lancé à chacun. Si tous les membres n'y mettent pas du leur, s'ils ne s'investissent pas à fond, le groupe est voué à l'échec. Il faut que tout le monde se lance à fond de train sinon c'est l'ennui, sinon ça ne vaut pas les efforts et les peines que nécessite le travail d'équipe.

Ainsi, le système de convictions et les valeurs du participant *impulsif* par rapport au travail en équipe sont évidemment en accord avec son mode de participation intense et dynamique. Il croit qu'on ne prend jamais trop de place dans un groupe. Par exemple, selon lui, le problème de certains groupes, où l'atmosphère de travail n'est pas à son meilleur, n'est pas que certaines personnes prennent trop de place mais plutôt que d'autres n'en prennent pas assez.

Ce participant croit que la complicité idéale s'exerce et s'actualise dans l'action. En fait, il s'agit là de son principal rêve. Il espère secrètement que tous se retrouvent sur la même longueur d'onde lorsque viendra le temps d'agir. Malgré l'apparente contradiction, il rêve de relations passionnées mais harmonieuses dans l'action. Il rêve de relations contrôlées uniquement par l'expression mutuelle de chacun. Il ne craint pas les tensions. Pour lui, les tensions sont nécessaires et ne sont pas un indice de mauvais fonctionnement ou de dysharmonie. Ainsi, il a du mal à supporter et à comprendre ceux qui ne peuvent accepter ces tensions et qui menacent de quitter le groupe. Pour lui, ce sont ces gens-là qui constituent la véritable menace à la vie du groupe.

Ses émotions

Une constante : *la fébrilité du cascadeur*

Le participant sur le mode *impulsif* est émotif et passionné. C'est un être plus charismatique que chaleureux, plus expressif que discret. Il peut être explosif mais ses colères sont éphémères. Il sort ce qu'il a à dire, puis il écoute ce que les autres lui disent. Il n'est pas toujours très sensible à l'effet qu'il a sur les autres. Il lui arrive de blesser certaines âmes trop sensibles à ses yeux sans même s'en rendre compte. Il faut que les choses se disent et qu'elles se disent tout de suite, à chaud. Il a autant peur d'oublier que d'être oublié.

Par ailleurs, ce participant n'affectionne pas particulièrement le travail en sous-groupes de deux ou trois personnes. Il préfère le travail avec tout le monde ensemble. Travailler tout le groupe ensemble représente pour lui une importante source de stimulation, un défi. Il ressent beaucoup d'éléments implicites de la vie de groupe (normes, tensions, conflits, alliances, etc., et particulièrement les incohérences) mais il ne sait pas nécessairement quoi faire avec toutes ces informations et tous ces sentiments qui l'envahissent. Aussi, il explose régulièrement soit pour plaisanter sur ces sujets, soit pour protester. Ses interventions jouent un rôle de catalyseur. Il cherche à faire expliciter le non-dit et les sous-entendus. Il préfère la relation «publique», c'est-à-dire les échanges au vu et au su de tous.

Dans l'intimité de relations à deux ou trois personnes, il sent qu'il perd ses moyens. Il est moins blindé, plus ouvert et plus influençable dans cette relation intime. Il sait moins comment se défendre sans menacer la relation. Par contre, en groupe, il se permet un plus grand laisser-aller. Sa confiance dans la solidité des relations est plus grande. Face au groupe, il se sent capable de tout dire et de tout surmonter. Il aime les rapports directs et francs. Il se sent moins proche des gens qui pensent trop longtemps avant d'agir et d'exprimer ce qu'ils ont à dire. Il s'attend à ce que les autres lui adressent la parole directement, sans détour. Il s'attend à ce qu'on lui dise tout en face, spontanément. Toutefois, sa lecture de la «force» des relations n'est pas très bonne. Il croit solides des relations qui éclatent devant lui. De même, sa relative vulnérabilité dans une relation plus intime s'appuie sur une impression, souvent erronée, de fragilité que lui laisse ce type de relation.

À cause de son manque de retenue et de son empressement à réagir, son agressivité transparaît facilement. De même, sa bouffonnerie paraît exagérée. Ainsi, ses interventions directes, son langage parfois cru et ses plaisanteries en cascade choquent et dérangent certains membres du groupe. Il semble peu sensible aux autres, facilement agressif et peu sentimental. Pourtant, il ressent autant, sinon plus, que d'autres certains aspects non dits de la vie du groupe. Il est seulement, selon lui, moins capable que les autres de faire comme si de rien n'était. Il n'écoute pas les gens qui font de longs discours avec peu d'émotion. Son jugement sur les autres repose d'ailleurs plutôt sur leurs faits et gestes que sur leurs paroles.

Ce personnage a un sens aigu du territoire, c'est-à-dire qu'il est très sensible à la place que chacun occupe dans le groupe, à son domaine d'expertise, aux champs d'intervention qui lui sont réservés. Il ressent toute intrusion dans le territoire d'un autre et, *a fortiori*, dans ce qu'il considère comme son territoire comme une agression, sinon un signal d'attaque. Il les relève donc immédiatement. Il ne peut s'empêcher d'y réagir.

Par contre, même si ce participant sur le mode *impulsif* manque de retenue, il parle peu de lui-même. Il ne se dévoile pas. En fait, il est très peu porté à commenter ou à expliquer ses émotions. Il les exprime plutôt de façon non verbale, par le rire, le ton et l'intensité de la voix, les pleurs, les gestes, etc. Il n'est pas à l'aise pour verbaliser ce monde des émotions et des sentiments. Il préfère s'exprimer plutôt que s'expliquer. Il a besoin de se rassurer. Il a besoin de savoir qu'il n'est pas seul à sentir ce qu'il ressent; c'est peut-être pour cette raison qu'il cherche tant à rendre public le non-dit du groupe.

Ses contributions

En réunion : *ça passe ou ça casse*

Le participant sur le mode *impulsif* dynamise les échanges et les équipes auxquelles il participe. Il suscite les débats. Il dénonce ou, à l'opposé, plaisante ou tourne en dérision le sujet discuté. Il explose tout à coup. Il intervient brusquement, sans avertissement. Il se moque, il attaque. Rarement ajoute-t-il simplement son commentaire. Il veut faire réagir. Il veut être écouté. Pour cela, il utilise l'humour ou l'agression. Soit il fait une blague qui détourne l'attention, soit il dénonce directement, ce qu'il fait parfois sans ménagement. Face à l'inertie ou à la collusion, il fonce. Il interpelle directement tous et chacun dans le groupe. Il choque si nécessaire. Face à l'ennui et au secret qu'il perçoit dans le groupe, il ne sait pas comment se comporter. Il ne sait plus comment contribuer au groupe. Il perd sa motivation et sa participation diminue momentanément. Il s'éteint comme un volcan.

Le participant sur le mode *impulsif* est du genre intuitif. Il fonctionne par instinct et par pulsion plutôt que par stratégie ou par planification rationnelle. Il est expressif. Il intervient souvent, ou, tel un ressort, il accumule en silence puis explose tout à coup. Il exprime proprement ses opinions et ses désaccords. Ses interactions sont accompagnées de communications non verbales particulièrement démonstratives. Généralement, il parle fort et gesticule beaucoup. Il recherche l'action et crée le mouvement. Il ne passe pas inaperçu dans un groupe. Il se fait remarquer. Sa visibilité est généralement grande, quels que soient le groupe ou le sujet discuté.

Il ne s'agit toutefois pas d'un mode d'interaction où la personne est continuellement sur la sellette. Il s'agit plutôt d'un mode de fonctionnement par explosions successives. Le participant sur le mode *impulsif* reste dans l'ombre pour une période relativement longue, puis prend brusquement la parole. Parfois même, il interrompt sans avertir. Il surprend. Il devient évidemment alors le centre d'attention et il peut le demeurer assez longtemps, c'est-à-dire jusqu'à ce qu'il ait l'impression que son point de vue a été entendu et pris en considération. Souvent, les autres restent saisis à la suite de ses interventions; soit ses sorties parfois violentes changent leur façon de voir, soit elles leur semblent tout à fait inopportunes. Ses interventions laissent rarement indifférents les autres membres du groupe.

Par contre, le participant qui intervient sur le mode *impulsif* évalue mal l'effet qu'il a sur les autres. Il a du mal avec l'évaluation de la qualité et de la fiabilité de ses relations avec les autres membres du groupe. Il sous-évalue la portée de ses interventions. Il n'est pas bien conscient des réactions des autres à son égard. En fait, puisqu'il interagit sur le coup de l'impulsion, il n'a que peu de temps pour évaluer toutes les interprétations et utilisations qui pourront être faites de ses propos. Il est incapable d'utiliser des stratégies qui le limiteraient sur une longue période. Il est guidé par le plaisir de s'exprimer et de voir les autres en faire autant. Il peut même confronter en public un allié potentiel.

De même, il peut surévaluer la résistance des autres et leurs capacités de résistance et d'endurance, ou leur capacité de s'affirmer. Il aura tendance à nier certains messages non verbaux de résistance des autres. Il perçoit ces messages de résistance — long silence, refus de répondre, regards fuyants, position de fermeture, etc. — mais il se dit que si les gens ne sont pas d'accord, ils le diront bien.

En conséquence, ce personnage a peu tendance à développer des alliances. Il se sent un peu seul contre tous. Il se sent seul et reste seul. Il y a les autres et lui. Il ressent le groupe comme un tout qu'il peut voir et sentir autour de lui et non pas comme des individus distincts. Il semble privilégier l'intérêt du groupe sur son intérêt personnel. Aussi, il identifiera rapidement ceux qui ne participent pas au groupe et il dénoncera ce confort paresseux.

Le participant qui intervient sur le mode *impulsif* n'est pas très porté sur la stratégie à long terme. Il s'agit plutôt d'un excellent tacticien qui donne le meilleur de lui-même dans le feu de l'action. Lors de franches discussions ou d'affrontement, il sait ouvrir le feu et offrir la répartie. Il fonce d'abord puis se réajuste au fur et à mesure du déroulement de l'action. Ce personnage ne se plaint habituellement pas. Il ne souhaite pas se faire aider par d'autres. Il n'est à la remorque de personne. Il cherche au contraire à faire changer les choses. Il revendique. De plus, il le fait avec intensité et émotion. Il fonce, charge et analyse ensuite l'impact de ses interventions. Ce n'est pas un intrigant qui pourrait ourdir quelques complots «mafieux» en coulisse. Au contraire, il cherche à rendre public et à expliciter tout ce qu'il perçoit et ressent en groupe, et ce sans attendre.

Par rapport à la tâche, le participant *impulsif* est très actif. Il a tendance à apporter des points nouveaux ou de nouvelles façons de voir. Il n'est pourtant pas nécessairement perçu comme quelqu'un qui prend l'initiative. En effet, même s'il est actif, il peut souvent être perçu par les autres membres comme plus enclin à résister qu'à mener. Il peut être perçu comme un rebelle car il contribue souvent aux remises en question de certains éléments du groupe. Il participe aux redéfinitions des objectifs et des tâches. Il participe au recadrage des activités chaque fois que cela lui semble nécessaire. Sa contribution se limite parfois à un point précis mais alors il ne lâche pas! Dans ces situations, il ne cherche alors qu'à se faire entendre et écouter. Il devient obstiné et ne cherche qu'à obtenir l'acquiescement à tout prix. Mais, de son propre point de vue, il ne résiste pas, il participe plutôt, il tient à faire entendre ses opinions. Pour lui, son comportement n'en est pas un de résistance, mais plutôt de participation à l'atteinte des objectifs. S'il croit que dans l'intérêt du groupe il doit résister à une proposition, il peut même aller à l'encontre de ses intérêts personnels et privilégier, de son point de vue, les intérêts du groupe.

Malgré ses fréquentes contributions aux redéfinitions des objectifs et des tâches, ce participant préfère de façon générale l'action et les gestes concrets aux longues discussions. Pour lui, une bonne réunion est une réunion où il y a beaucoup d'échanges qui mènent à des décisions. Aussi, après un certain temps de discussion, il éclatera en disant qu'il est temps de se brancher. Malheureusement, ce type de remarque risque à nouveau de le faire paraître exigeant, voire intransigeant.

D'autre part, il lui arrive d'agir expressément à l'encontre des règles, qu'elles soient explicites ou non dites; il les remet en question. Pour les autres, il semble faire exprès pour utiliser des mots choquants que personne ne veut entendre. Il ose dire tout haut ce qu'il entend chuchoter dans les corridors ou ce que les autres pensent tout bas. Comme il a l'impression que tous pensent comme lui mais que personne n'ose le dire au grand jour, il se croit obligé de choquer et d'exagérer pour qu'enfin ces choses soient discutées publiquement. De son point de vue, c'est malgré lui qu'il agit ainsi. Il déroge particulièrement aux règles lorsqu'il croit que celles-ci l'empêchent de s'exprimer comme il le veut, quand il le veut. Ce n'est pas qu'il soit contre les règles par principe, c'est plutôt qu'il ne peut, dans les faits, supporter d'être contraint. Il ne peut tolérer ce qu'il perçoit comme des entraves et des empêchements à la participation de tous et chacun et, en particulier, à sa propre participation.

Le participant *impulsif* est ainsi essentiellement préoccupé par la production du groupe. Il ne cherche pas à normaliser le fonctionnement du groupe ni à favoriser les relations personnelles entre les participants. Il n'a à proprement parler aucune intention si ce n'est celle de se libérer des pulsions qui le tenaillent et de faire avancer le groupe par rapport à la production. Il agit explicitement sur les échanges de façon à provoquer cette production. Son but est d'avancer, plus précisément de faire avancer le groupe. Pour lui, la production et l'action priment sur le confort personnel des membres du groupe et sur les règles à suivre. La bonne entente lui importe moins que l'atteinte des objectifs. La qualité du travail prime sur la qualité des relations entre les personnes et la procédure lui importe peu. C'est pourquoi, s'il croit que cela peut mener à un meilleur travail, il n'hésite pas à dire des choses qui choquent ou dérangent le climat.

En situation de conflits : *il trouve ceux qui le cherchent*

Face aux conflits, le participant sur le mode *impulsif* cherche à les «vider», c'est-à-dire à aller au fond des choses. Il aime la contestation pour autant qu'elle ne le vise pas personnellement et qu'elle s'effectue d'une manière directe et franche. Il la trouve alors stimulante. Dans ce contexte, il s'agit d'un combat qui l'excite. Par contre, lorsque la contestation ne s'effectue pas de façon directe, explicite et publique, ce participant *impulsif* peut croire qu'il y a quelque chose de caché ou que les gens s'opposent à lui personnellement. Il peut même devenir agressif envers ces personnes. Il réagit alors immédiatement aux expressions émotives des gens et non au contenu de leurs remarques. Il veut alors qu'elles expriment clairement ce rejet qu'il perçoit. Il veut faire sortir le non-dit.

Ainsi, par opposition aux tensions et aux conflits larvés et non avoués qui l'affectent particulièrement, les conflits ouverts et connus de tous ne l'affectent pas outre mesure. Autrement dit, ils ne l'affectent ni plus ni moins qu'ils pourraient affecter les autres membres du groupe. Aussi, puisque ce participant *impulsif* exprime son agressivité plus souvent que d'autres, les membres du groupe s'attendent à ce qu'il intervienne aussi lorsqu'il y a un conflit. Toutefois, il pourrait très bien ne se sentir aucunement concerné par le conflit et n'avoir aucune envie d'intervenir. Il ne se perçoit pas lui-même comme quelqu'un d'agressif ni comme quelqu'un de préoccupé par l'agressivité des autres.

Lorsqu'il se sent oppressé, le participant *impulsif* attaque les individus qui incarnent à ses yeux les normes du groupe. Émotif et spontané, il glisse souvent du contenu à la personne, c'est-à-dire qu'il fait aux autres ce qu'il ne supporte pas qu'on lui fasse. Il détruit ainsi de nombreuses alliances potentielles.

Il peut aussi percevoir toute opposition ou résistance à ses propositions comme de l'hostilité ou même, selon les circonstances, comme une attaque personnelle. Il croit être attaqué mais cela lui importe peu dans la mesure où le débat continue. Il est cependant prêt à se défendre mais ces n'est pas pour lui une question de dominer ou d'être dominé. Ce qui lui importe alors est d'interagir, de rester en mouvement. Il connaît ses limites et son expertise. Il est sensible aux limites de son territoire et de celui des autres.

Ce que ce mode révèle : *un sismographe de groupe*

Les explosions fréquentes et répétitives sous forme de rires ou de colères du participant sur le mode *impulsif* peuvent être l'indication de certaines tensions non traitées ou non résolues dans le groupe. Elles peuvent indiquer certains aspects cachés de la vie du groupe. Le participant sur le mode *impulsif* peut alors être considéré comme un indicateur annonçant les «remous souterrains» du groupe. Il exprime le surplus de tensions positives ou négatives qui habitent le groupe.

Rappelons le sens aigu du territoire de ce personnage, sa sensibilité à la place qu'occupe chacun dans le groupe et son empressement à relever les empiétements. Aussi, ses interventions peuvent révéler certaines luttes intestines ou certaines zones de compétition entre les membres.

Par contre, le participant qui intervient sur le mode *impulsif* est relativement plus discret lorsque le groupe a atteint une certaine maturité de fonctionnement, c'est-à-dire lorsque les tensions sont traitées avant de devenir problématiques. Ce n'est pas tant le participant sur le mode *impulsif* qui s'assagit que le groupe qui se structure et s'équilibre. Ainsi, un léger retrait ou un relatif silence du participant qui intervient sur le mode *impulsif* constituent pour leur part un indice d'efficacité et de participation.

Évidemment, les comportements de ce participant *impulsif* peuvent intimider plusieurs membres. Soit ils donnent de l'énergie par l'enthousiasme et l'humour, soit ils écrasent les autres par l'agressivité et la force. Ou bien ces comportements créent un effet d'entraînement et participent à l'instauration d'un climat d'échanges francs et directs, ou bien ils font peur et participent à créer ce que ce personnage déteste pourtant, à savoir : un climat de retenue où tout le monde est sur ses gardes afin d'éviter d'être blessé.

Par ailleurs, son mode d'interaction direct rassure les personnes plutôt *sceptiques*. Sa spontanéité rassure effectivement et apporte son lot de plaisirs et de surprises. Son mode direct rassure d'autant plus qu'il se manifeste dans un climat plus informel à l'extérieur des réunions. Durant les réunions, on pourrait croire à une mise en scène pour les autres, mais seul à seul avec lui, on est moins porté à le croire capable de tels stratagèmes, surtout qu'il est moins à l'aise dans ce type de rencontre informelle. On peut difficilement croire qu'il puisse à la fois être si impulsif et ourdir quelques plans machiavéliques. Toutefois, ce même aspect direct peut accentuer la méfiance de ces personnes si le participant qui intervient sur le mode *impulsif* rend public quelque chose qu'elles croyaient d'emblée devoir demeurer secret.

Dans d'autres rôles : *un bulldozer*

Le participant qui intervient sur le mode *impulsif* occupe généralement une position bien en vue au sein des groupes ou des organismes. Il devient rapidement une référence. Il est souvent perçu comme un élément combatif et énergique. Sa crédibilité n'est toutefois que rarement universelle. Ce participant a généralement des amis et des ennemis bien identifiés. Il ne laisse pas indifférent. En situation d'autorité, le participant sur le mode *impulsif* peut donner l'impression d'être dictatorial. Cette impression provient de sa façon parfois très prompte à réagir, franche et directe. Rappelons qu'il est sensible à l'exercice du pouvoir et que, là comme ailleurs, il réagit plutôt promptement. Il ne s'en laisse pas imposer longtemps sans réagir. S'exprimant souvent spontanément et sans évaluer tous les effets de ses propos, ce personnage donne des munitions à ceux qui le contestent. Il donne l'impression d'agir en dictateur particulièrement aux subalternes qui tentent d'accroître leur pouvoir en contestant l'autorité. Son attitude générale très prompte participe grandement à exacerber la relation hiérarchique et ce, sans qu'il l'ait désiré. En effet, ses subalternes, n'osant pas toujours lui répondre, ont l'impression qu'il décide seul, et trop vite. Bref, qu'il prend avantage de sa situation de patron.

De plus, parce que ce participant *impulsif* dit habituellement ce qu'il pense au fur et à mesure qu'il le pense, il a tendance à confronter les méthodes de travail, les habitudes, la routine et les normes des employés. Heureusement, il est cependant aussi prompt à soutenir et à aider les employés qui dépendent de lui, surtout ceux qui ont de l'initiative. Ces derniers le percevront alors comme un catalyseur plutôt qu'un autocrate. Ils se sentent autonomes face à son autorité. Ils sentent qu'ils peuvent prendre des risques et relever de nouveaux défis sous sa direction. Ils se sentent appuyés.

Comme responsable de réunion, le participant qui intervient sur le mode *impulsif* veut que ça bouge. Il veut qu'il se passe quelque chose. Il peut même devenir quelque peu impatient vis-à-vis des discussions entre les membres. Il souhaite un débat animé suivi d'une décision. Il souhaite que les décisions se prennent et qu'elles se prennent rapidement; parfois même, peu importe lesquelles. Il peut remettre en cause une décision pourvue qu'on en prenne une autre. Il tolère mal les moments de flottement et d'indécision propres aux périodes d'évaluation.

Toutefois, malgré ses limites apparentes et son orientation sur la production, ce personnage peut devenir un bon animateur qui excellera paradoxalement dans les fonctions d'animation reliées au climat du groupe. Il sait faire expliciter le non-dit. Il est sensible au non-verbal et au non-dit en général. Il peut verbaliser des éléments de la vie du groupe que les autres membres n'osent pas dire ouvertement. Bref, le participant sur le mode *impulsif* sait susciter les débats.

En position de subalterne, ce personnage n'a pas peur de réagir à l'autorité, de défendre ses idées et de s'affirmer devant l'autorité. Il a même besoin de cette «opposition». Elle est pour lui une stimulation. Il est incapable de se retenir. Il doit dire ce qui lui passe par la tête ou ressent; il doit le dire même au patron et, peut-être même, surtout au patron. Il a besoin de liberté et d'action.

Il est généralement capable d'agir malgré une rétroaction négative. Mais il ne l'accueillera pas sans réagir. Si la personne qui a ainsi réagi à lui est capable de faire face à sa réaction immédiate, celle-ci sera positive. Autrement dit, si la personne qui reçoit sa réaction ne la prend pas agressivement, si elle réagit plutôt au contenu de ses propos, il se sentira stimulé plutôt qu'attaqué. Par ailleurs, s'il ne reçoit aucune rétroaction sur ce qu'il fait ou sur la manière dont il le fait, il peut se marginaliser et être tenté de faire ses affaires seul.

Ses nœuds

Une image : *le marginal fiable*

Difficilement prévisible, le participant qui intervient sur le mode *impulsif* peut être perçu de façons diamétralement opposées : soit comme un mouton noir rebelle et agressif, soit comme un grand complice pour relever des défis ou prendre des risques. Il est soit le provocateur, soit le marginal avec qui tout est permis.

Le plus souvent toutefois, peut-être parce qu'il en intimide plusieurs par son aspect énergique, ou même impétueux, le participant *impulsif* est perçu comme une personne agressive et compétitive. Les autres membres du groupe jugent ses réactions trop fortes. Ils peuvent se sentir envahis et devenir passifs, comme s'ils étaient noyés par l'ampleur de ces réactions.

Ses comportements sont propices à faire de lui, aux yeux des autres membres, un pôle d'interventions. Ils le perçoivent rapidement comme un protagoniste qui sera impliqué dans des débats futurs. Aussi, les gens qui ne font pas partie de ce pôle peuvent avoir l'impression d'être personnellement rejetés ou d'être obligés à leur tour de prendre parti lors des débats. En fait, on peut dire que, d'une certaine manière, ce sont les autres qui polarisent le groupe à partir de ses interventions à lui. Comme on l'a dit, il n'est pas dans ses intentions de créer un conflit. Au contraire, le participant *impulsif* rêve plutôt que tous se rejoignent dans l'action.

Ses interventions laissent donc souvent place à de mauvaises interprétations. Les autres membres ont ainsi parfois l'impression d'être attaqués personnellement. Aussi, ils peuvent être portés à minimiser les échanges avec ce participant, en supposant que moins il y a d'échanges, moins il y a de chances d'être pris à parti. De plus, ils ont peur qu'il les interpelle directement s'il se croit mal compris ou même qu'il se venge s'il croit avoir été trahi. Malheureusement, cette tactique d'évitement a souvent l'effet contraire sur le participant qui intervient sur le mode *impulsif.* Ce participant peut alors croire qu'on cherche à l'isoler ou à éviter un débat. Aussi, il cherchera d'autant plus à provoquer ceux qu'il perçoit comme cherchant à l'isoler ou cherchant à éviter ce qu'il a à dire.

On peut supposer que l'on a affaire à un participant sur le mode *impulsif* lorsque l'on se sent heurté et envahi par moment, ou submergé par des vagues de commentaires qui nous déferlent dessus sans avertissement, ou encore lorsqu'on rit beaucoup en réaction à des choses qu'on n'attendait pas. De plus, on peut souvent observer que l'enthousiasme dont il fait preuve ne se manifeste qu'au début des projets ou des différentes étapes d'un projet plus vaste. Il a de l'audace, mais pas nécessairement de la persévérance.

Un point fort : *c'est maintenant ou jamais*

Le principal point fort de l'*impulsif* est sa facilité à s'exprimer et à prendre sa place au sein d'un groupe. Le participant sur le mode *impulsif* est capable d'être très énergique. Il ne craint pas de susciter des réactions chez les autres. Il a confiance en lui et se sent capable de faire face à la musique. Assez pétulant, il possède généralement un certain charisme. Il devient facilement une référence pour les autres membres : sera-t-il d'accord, que va-t-elle en penser?...

Parmi ses faiblesses les plus importantes, notons qu'il agit d'abord et évalue seulement ensuite la situation. Ainsi, on ne sait exactement ni comment ni quand il va réagir à une situation, mais on sait que s'il rencontre de l'opposition il réagira. De plus, il éprouve d'énormes difficultés à accepter de se faire critiquer publiquement. Il ne peut rester sans réagir surtout s'il se sent visé et ce, même s'il est d'accord avec le fond des critiques. Pour «bien» réagir, il a besoin de conditions facilitantes et d'un bon climat de confiance. Sinon, il réagira probablement d'une façon qui sera jugée agressive par les autres. Il peut donc être manipulé par certains pour régler leurs différends avec d'autres membres. Ils s'arrangent pour qu'il se batte à leur place. Ils le laissent réagir et s'ajustent ensuite.

Par contre, ce que ce participant sur le mode *impulsif* perd en calcul à long terme, il le gagne en spontanéité. Il gagne de plus une impression d'honnêteté vis-à-vis de lui-même. Il se voit loin des demi-mesures qu'il considère comme une tare. Il se croit ainsi à l'abri du compromis et des collusions. Aussi, il est sensible à l'exercice du pouvoir et à ses jeux subtils jusque dans leurs aspects implicites. Son analyse est toutefois plutôt émotive. Son instinct le guide. Il sent qui sont ses alliés ou ses ennemis, potentiels ou réels, au sein du groupe. Il prévoit intuitivement les affrontements et les complicités.

Il est difficile et risqué d'adopter volontairement ce mode d'interaction *impulsif* en groupe. Il est en effet hasardeux de décider volontairement d'être spontané. Bien sûr, on peut se dire qu'à telle réunion on va se laisser aller, mais, souvent, des réactions planifiées pour paraître spontanées n'auront l'air qu'artificielles et déplacées. Toutefois, la dimension d'audace, de capacité à oser, peut servir de modèle afin de débloquer certaines situations stagnantes. Si le groupe ne compte aucun *impulsif* «naturel» parmi ses membres, il pourrait être opportun pour la bonne marche du groupe que quelqu'un tente quelques interventions visant à expliciter le non-dit, à faire «exploser» la situation.

Un piège : *si ça réagit, c'est bon*

Puisque ses interventions entraînent généralement des changements immédiats ou remettent en question les règles, le participant qui interagit sur le mode *impulsif* se sent habituellement confirmé dans sa manière d'être en groupe. Il ne voit pas les conséquences fâcheuses que ses interventions ont sur sa propre participation dans le groupe. L'effet de surprise que ses interventions créent chez les autres l'encourage à continuer à réagir sur le vif. Plus l'effet est grand, plus il est porté à croire sa stratégie efficace. Il confond ainsi réaction visible et effet positif. Malheureusement, il peut provoquer chez d'autres des réactions fortes qu'il interprète alors comme de l'hostilité, ce qui l'encourage à réagir de plus belle.

Bref, se sentant seul à essayer de dire ou de réagir à des choses non dites, il en met davantage pour vaincre sa propre peur et être certain de se faire entendre. Cette amplification du message ne fait que provoquer un durcissement chez les autres. Ils trouvent sa façon d'intervenir déplacée et désagréable. Il s'en suit qu'il est porté à en mettre encore plus, ce qui dérange plus encore, et ainsi de suite. Ou encore, on le trouve très drôle et original, ce qui l'encourage à être toujours plus drôle, jusqu'à ce qu'il dérange, ce qui finit par provoquer un durcissement chez les autres. Et ici encore, ceux-ci trouveront sa façon d'intervenir de plus en plus déplacée et désagréable. Il s'ensuit qu'il est porté à en mettre encore plus, ce qui dérange plus encore...

De plus, à force d'être différent et marginal dans sa façon d'interagir avec les autres membres, il peut être perçu comme ne faisant pas vraiment partie du groupe, comme un individualiste ou même un égoïste. Souvent, on l'isolera au sein même de l'équipe. On lui adressera moins la parole. On le regardera de moins en moins. Tout cela sans lui dire explicitement les craintes ou les désagréments qu'il cause aux autres et qui sont à la source de son isolement. L'aspect tacite et implicite de cet isolement aura tendance à provoquer chez lui encore plus de réactions violentes du même type que celles qui ont conduit à son isolement. Plus il est marginalisé, plus il se sent à part, plus il pense que les autres ne l'aiment pas ou ne le comprennent pas. Alors, il attaque de plus belle.

La surprise qu'il cause chez les autres par ses interactions émotivement chargées place les autres dans une situation qui le piège lui-même. Ainsi, face à ses interventions, les autres peuvent soit réagir sur le même ton que lui, soit essayer de faire une intervention du type reflet, c'est-à-dire une intervention où la personne cherche à exprimer verbalement le message global tel qu'elle l'a compris à partir des mots, de l'intonation et des gestes utilisés par ce personnage. Dans le premier cas, où la personne réagit sur le même ton que celui utilisé par le participant sur le mode *impulsif,* il y a deux possibilités : si le ton est agressif, ce participant perçoit la réaction de l'autre comme une déclaration de guerre; si l'intervention est une blague qui veut surenchérir sur la sienne, il perçoit la réaction comme un début de compétition. Dans le deuxième cas, où la personne essaie de faire une intervention du type reflet, il peut la percevoir comme une tentative de prise de contrôle de la relation. En effectuant une telle intervention de reflet, l'autre évite à ses yeux de se prononcer et essaie en fait de le contrôler.

Malheureusement, ce mode d'interaction, malgré ses intentions très orientées vers le groupe et vers une plus grande participation de chacun, a parfois un effet diamétralement opposé. La pression que l'*impulsif* exerce sur les autres, la vigueur de ses interventions, a tôt fait d'en décourager ou d'en agacer plusieurs. Devant ses exigences avouées, certains se retirent, d'autres l'affrontent directement. Cependant, dans un cas comme dans l'autre, son objectif de plus grande participation est raté.

Une clé : *la complicité*

En règle générale, le participant qui intervient sur le mode *impulsif* est décontenancé dans des situations d'intimité et de complicité et forcé à avoir recours à de nouvelles manières d'être et d'agir. Il est décontenancé dans les situations où il est reçu et accepté comme il est, sans référence à sa manière de s'exprimer ou au fait qu'il puisse choquer. Il est aussi forcé d'avoir recours à de nouvelles manières d'être lorsqu'il est obligé de parler de ses émotions, c'est-à-dire de les commenter et de les expliquer, ou encore quand il doit personnaliser une discussion sans attaquer. Ainsi, lorsqu'on l'écoute sans réagir à son ton, lorsqu'on essaie de reformuler strictement le contenu de ses interventions ou lorsqu'on lui répond en ne tenant compte que du contenu de ses interventions, son aspect *impulsif* sera déjoué. Il faut chercher à lui faire comprendre que l'on cherche à entendre son message. On essaiera de lui faire préciser et nuancer ses propos.

Pour contrer ses limites, on peut utiliser des stratégies où il sera forcé de modifier sa façon habituelle d'interagir. Par exemple, on pourra tenter de lui faire des remarques en aparté, essayer de créer des situations plus intimistes, de ne porter attention qu'au contenu de ses interventions sans tenir compte des aspects choquants ou brusques de son intonation ou de ses gestes.

Une façon de faire appréciée par le participant sur le mode *impulsif* est de partager avec lui le choix des buts et des résultats à atteindre, puis, lorsque cela est possible, de le laisser choisir à sa guise les moyens à prendre. Ou encore, il apprécie généralement qu'on utilise ses commentaires pour élaborer de nouvelles propositions. Le principe à respecter, pour faire alliance avec un *impulsif,* est de s'en tenir au contenu. Autrement dit, il faut maintenir les échanges au niveau de l'explicite. On peut lui laisser la responsabilité d'expliquer ce qui le rend inconfortable. On n'a pas avantage à le devancer. On attend qu'il s'exprime, puis on répond sur le contenu sans faire allusion aux émotions qui se cachent derrière l'intervention.

Chapitre 4

Le mode : *convaincant* entre le «zapping» et la désapprobation

Le participant qui interagit sur le mode *convaincant* a tendance à être *proactif*. Ce personnage est habile communicateur. Il est optimiste et démonstratif. Il a du charme. En contrepartie, il a peur de ne pas être aimé. Il a peur de l'indifférence à son égard. Il a besoin de sentir que l'attention des autres membres du groupe est dirigée vers lui. Il a besoin de l'appréciation et de l'attention des autres.

Pour mieux cerner le personnage, disons qu'il peut parfois être qualifié, selon le moment ou le contexte, de promoteur, de charmeur, de rassembleur, de séducteur, de persuasif, de manipulateur, d'instigateur, de représentant, d'habile communicateur, de démarcheur ou de «lobbyiste». En bref, le participant sur le mode *convaincant* correspond plus ou moins directement à l'idée que l'on se fait d'un bon vendeur. Il se préoccupe moins des besoins réels du client que de lui faire voir les avantages du produit. Il utilise toutes les occasions qui se présentent pour que chacun se sente personnellement concerné.

Ses convictions

Le groupe : *une agora*

La conviction de base du participant qui intervient sur le mode *convaincant* est que tout groupe n'existe que par l'adhésion des membres à un projet ou à une idée. Son univers est essentiellement centré sur cette adhésion des membres. Elle prime sur tout. Pour lui, l'existence du groupe repose directement sur cette adhésion.

En fait, la qualité intrinsèque d'un projet ou d'une idée lui importe moins que le fait que les membres adhèrent ou non au projet ou à l'idée. Il lui apparaît essentiel pour la survie du groupe que chaque membre se sente personnellement lié au projet. Chacun doit appuyer l'objectif. Chacun doit être d'accord et se rallier sincèrement à la démarche du groupe. S'il y a cohésion, si tous les membres soutiennent un même projet ou une même idée, alors ce projet ou cette idée sont bons. Pourquoi chercher plus loin !

Toutefois, il ne croit pas d'emblée que cette adhésion et cette cohésion autour d'un projet soient spontanées et naturelles, sauf peut-être dans quelques moments magiques et exceptionnels. Il croit plutôt que cette adhésion et cette cohésion sont artificielles au sens où elles reposent sur des efforts volontaires. Pour lui, un groupe doit être entretenu. En fait, on pourrait dire que pour ce participant *convaincant* un groupe ne se maintient en vie qu'artificiellement : sans incubateur, point de groupe. Ça ne respire qu'à l'aide d'appareils. Un groupe, ça ne survit qu'à bout de bras, qu'à force de persuasion.

Concrètement, ce maintien s'effectue par le biais de la collaboration entre les personnes. Pour lui, les échanges doivent toujours être orientés positivement. Chaque intervention doit chercher à plaire à tous. C'est la seule façon de permettre au groupe de survivre. Pour le *convaincant*, la séduction et le charme sont l'oxygène du groupe.

Le participant qui intervient sur le mode *convaincant* croit que les «gagnants» sont plus aimés que les autres. Il croit qu'ils ont plus de chance d'être populaire et de plaire. Il croit que ceux dont les idées sont retenues reçoivent plus d'attention des autres. Donc, il veut lui-même être un «gagnant». Il veut faire partie du club. Son rêve est de toujours proposer l'idée qui sera retenue. Cependant, il croit que cette idée de «toujours proposer la meilleure idée» est quelque peu naïve. Il croit, en effet, que l'approbation de tous prime sur la supposée qualité intrinsèque du projet. Il croit donc qu'il faut avoir de bonnes relations pour être du côté des «gagnants».

Le participant sur le mode *convaincant* n'est pas un personnage qui valorise particulièrement la spontanéité et la naïveté. Même s'il sait improviser, il aime bien les spectacles déjà montés où la stratégie à suivre est claire. Il peut même en arriver à croire que les émotions incontrôlées ne sont que des entraves qui empêchent de courir.

Ainsi, il ne croit pas que le contrôle de soi soit néfaste. Au contraire, à ses yeux, celui qui se contrôle parfaitement à plus de chance de réussir à faire accepter une idée ou un projet. Il a plus de chance de faire en sorte qu'à force de persuasion les autres choisissent librement de le suivre et, par conséquent, il a plus de chance de se faire accepter lui-même. Il a plus de chance de réunir tout le monde autour de lui et d'être apprécié.

Même s'il s'attend à ce que les autres lui portent attention lorsqu'il s'exprime, le participant sur le mode *convaincant* ne croit pas qu'il aura d'emblée cette attention. Il ne croit pas non plus que les autres attendent après lui. En fait, il croit qu'il obtiendra l'attention des autres dans la mesure où lui-même leur portera attention, où il leur donnera quelque chose en échange. Il croit qu'il aura l'attention des autres lorsqu'il sera actif, lorsqu'il prendra la parole. Bref, il croit qu'il a quelque chose à faire pour être apprécié et reconnu.

Ses émotions

Une constante : *le trac de la vedette*

Le participant qui intervient sur le mode *convaincant* a un grand besoin de sentir que les membres du groupe l'apprécient. En groupe, il a peur de la division et de l'éclatement. Il aime recevoir les honneurs de ses interventions. Le travail anonyme, ce n'est pas pour lui. À la limite, il préférera une flatterie qu'il sait n'être que mise en scène au silence et à l'indifférence des autres. Il est sensible à son image. Il veut qu'on parle de lui, devant lui et en bien. Il lui importe peu que ce soit à propos de ses idées, de ses réactions ou de ses démarches ou de quoi que ce soit d'autre. Ce qui lui importe, c'est d'être apprécié clairement et positivement. En contrepartie, il a peur du chacun pour soi. Il a peur de perdre son public et ses fans. Il est toujours inquiet et soucieux de ce que les autres pensent de lui. Il est très alerte pour déceler chez les autres la moindre trace de doute à l'égard de ce qu'il avance. Il a peur d'être laissé pour compte. Il a peur d'être banal, d'être comme les autres ou, pire encore, d'être perçu comme un perdant. Il a peur de ne pas être apprécié s'il n'est pas parmi les gagnants. Sensible au non-verbal des autres, il commencera à parer les coups et les questions avant même d'avoir terminé son intervention. Il va au-devant des coups. Il cherche à les prévenir.

Pourtant, le participant sur le mode *convaincant* aime le travail en groupe. Le groupe représente pour lui une source privilégiée d'approbation et de rétroaction positive : plus il réussit à obtenir l'admiration des autres, moins il a peur de ne pas être apprécié et plus il se sent compétent. Le groupe le rassure. Il est un réservoir de fans potentiels. De plus, le groupe lui fournit les ressources dont il se sent démuni. Le travail en groupe est pour lui un lieu idéal pour recruter des admirateurs et recueillir des idées. Le groupe vient combler ses besoins d'approbation et d'identification aux gagnants.

Lorsque cela va mal, pour lui ou pour le groupe, le participant sur le mode *convaincant* déprime et s'écrase momentanément, puis il repart de plus belle. Il ne se dévoile pas. Il est inquiet : «Est-ce que les gens vont m'aimer si je montre un côté moins beau de moi ?» Tous ses sens sont aux aguets. Toutes ses antennes sont sorties. En général, il n'est porté à exprimer ses sentiments que lorsqu'il se sent bien. Il est beaucoup plus à l'aise pour aller chercher l'attention et l'appréciation dont il a besoin en étant sociable et charmeur. Mais comme il est excité par le défi de réussir à séduire, il pourra aussi livrer son désarroi momentané s'il croit que cela sera apprécié par les autres.

Quoi qu'il en soit, il ne reste pas longtemps inactif. Le naturel revient vite. Il bouge. Il n'aura de cesse de se proposer des solutions à lui-même comme s'il cherchait pour les autres. Il se persuadera de la pertinence et de la valeur d'une solution et l'adoptera comme il aimerait que les autres le fassent lorsqu'il leur propose ses solutions. Il questionne, reformule, propose alors avec une énergie étonnante et une persévérance hors du commun. Il veut sauver la situation.

Par ailleurs, laissé face à lui-même, il se sent démuni. Sans un accès aux ressources des autres, il est inquiet. Il craint d'avoir à innover à partir de lui-même. Sa contribution personnelle, rappelons-le, est faite de synthèses et de propositions de ralliement. Pour être *convaincant*, pour être lui-même, ce participant a besoin des idées des autres. C'est sur leurs idées qu'il bâtit et élabore les siennes.

Ses contributions

En réunion : *le projet justifie les moyens*

Le participant sur le mode *convaincant* est un personnage qui bouge mais qui ne cherche jamais à provoquer les gens. Il n'attaque pas de front. Au contraire, il agit indirectement, avec délicatesse, par petite touche : un mot ici, un autre par là. Il prête une oreille à un membre tandis qu'il jette un coup d'œil à un autre. Il sait reformuler ses idées de façon à rejoindre le plus grand nombre de gens. Il cherche activement à stabiliser les échanges entre les membres. Il cherche le projet, l'idée ou la proposition qui saura satisfaire tout le monde et qui fera donc cesser les discussions. Il cherche à rallier les membres d'un groupe. Il est à l'affût de toutes les nouvelles idées. Il veut les récupérer, les faire siennes. Il cherche le projet, l'idée ou la proposition qui calmera le groupe et le mettra, lui, en valeur, tel un sauveur. Il cherche à dire la bonne chose à la bonne personne au bon moment et à en obtenir les honneurs.

Toutefois, l'inconvénient de ce mode d'interaction est que les propos et les intentions du personnage ne sont pas toujours clairs. Sa stratégie des petits pas laisse parfois prise à de mauvaises interprétations. Par contre, il sait se rajuster rapidement.

Devant une difficulté, son réflexe est de «promouvoir» une solution. Il cherche à faire passer la proposition qui a le plus de chance de susciter l'adhésion. Il n'hésitera pas à exagérer si nécessaire. Il fera un drame d'un délai dépassé ou une tragédie d'une décision non prise si cela peut pousser certaines personnes à soutenir ses propositions. En fait, il n'hésitera devant aucune stratégie : culpabilisation, chantage, flatterie, minimisation, confrontation, etc. Il n'hésitera devant une stratégie que dans la mesure où il percevra que, dans le contexte où il se trouve, elle pourrait menacer son image et sa crédibilité dans le groupe. Sa morale et son éthique sont fonction de ses rapports aux autres. Tout ce qui est accepté par les membres du groupe lui paraît acceptable.

Toujours attentif aux réactions, il est sensible au moindre indice de forces centrifuges. Il est sensible aux éléments de conversation porteurs de polarisations et de mésalliances futures. Il est un participant porté sur la fusion plutôt que la différenciation. Tout ce qui présage l'éclatement ou la séparation du groupe attire son attention. Il veut éteindre à la source la moindre menace à l'unité du groupe. Il cherchera à présenter à tous les membres les avantages que chacun pourrait obtenir en se ralliant à tel ou tel projet ou idée. Il pourra ainsi, par exemple, se retrouver à «vendre» au reste du groupe une idée présentée par un autre membre.

Le participant sur le mode *convaincant* utilise ses propres réactions et pulsions comme indicateur pour estimer celles des autres. Elles lui importent moins en tant que réactions personnelles qu'en tant que source d'information sur celles des autres. À la limite, il utilisera ses propres réactions négatives à un projet ou à une idée pour identifier des arguments et des éléments de stratégies permettant de rallier les gens à ce projet ou à cette idée.

Malgré sa sensibilité aux relations interpersonnelles, ce personnage n'est pas particulièrement attentif aux personnes en tant que telles, à ce qu'elles ressentent ou à leurs objectifs. Il devine et ressent intuitivement leurs réactions intérieures et leurs intérêts personnels. Toutefois, il n'apporte aide et soutien que dans la mesure où il croit que cela sert les objectifs qu'il poursuit au nom du groupe. Il cherche à se servir de ses intuitions, concernant les réactions intérieures des autres, pour les convaincre qu'il est dans l'intérêt de tous d'adhérer au projet qu'il croit le meilleur pour le groupe. Bref, il cherche à se servir de ses intuitions pour atteindre les objectifs qu'il croit être ceux du groupe. Par ailleurs, le fait que le groupe atteigne ses objectifs n'est, pour lui, qu'un indicateur du ralliement entre les membres et c'est là que réside à ses yeux le véritable succès. Ni les personnes ni les projets ne le préoccupent vraiment. Seule l'adhésion des membres compte. En fait, son empressement à rallier les membres n'est que proportionnel à sa hâte d'avoir la preuve qu'il a réussi à faire en sorte que tous s'entendent.

Dans ses efforts pour tenter de rallier les gens, le participant sur le mode *convaincant* n'hésite pas à séduire et à manipuler. Il n'est cependant pas manipulateur au sens où il chercherait de façon hypocrite à détourner les faits et gestes des membres du groupe en fonction de ses intérêts personnels. Il est plutôt manipulateur au sens où il cherche à récupérer les faits et gestes de chacun en fonction de ce qu'il perçoit être les intérêts du groupe. Il a l'attitude du vendeur. Il est actif. Il intervient souvent et régulièrement. Il capte l'attention et cherche à la conserver. Il reste rarement silencieux longtemps. Il est cependant capable de garder le silence mais il ne s'agira alors que d'une stratégie visant à mettre en valeur ses futures interventions.

S'il est séducteur et manipulateur, c'est sur lui-même qu'il agit pour obtenir des autres l'attention et l'approbation dont il a besoin. Il ne cherche pas à contrôler les autres. Plutôt, il s'efforce de contrôler et d'ajuster ses propres interactions. Il se contrôle mais il n'est pas avare de son temps et de ses énergies. Au contraire, il est plutôt généreux tant de l'un que des autres. Il accordera facilement temps et énergie à tous et chacun dans la mesure où il espère en retour attention et soutien lors de ses démarches.

Excellent «lobbyiste», il est toujours en démarchage. Il cherche par ses remarques à susciter l'adhésion des membres à une idée ou à un projet. Il fait des liens entre les propos et les intérêts de la personne à la laquelle il s'adresse et l'objectif qu'il poursuit. Par exemple, il lui expliquera comment elle pourra obtenir ce qu'elle souhaite si elle l'appuie dans sa démarche. Il cherche à mettre en évidence ce que chacun gagnera à le suivre. Il réussit généralement à présenter les idées sous leur plus beau jour, du moins les idées qu'il défend, c'est-à-dire celles qu'il croit capables de rallier l'ensemble du groupe. À l'opposé, il excellera aussi pour rendre rébarbative aux autres membres du groupe une proposition à laquelle il s'oppose.

Par ailleurs, rappelons qu'il recherche l'admiration de ses pairs. Aussi, il utilisera tous les moyens à sa portée pour forcer cette admiration. Par exemple, il semblera très occupé et s'arrangera pour que les autres le sachent. Il envoie le message que, même s'il est très occupé, il est prêt à les recevoir. Lors d'une réunion, il soulignera toutes les tâches qu'il accomplit actuellement et énumérera celles qu'il a dû laisser en suspens. Son message est le suivant : «Je n'ai pas le temps mais je suis venu quand même pour vous.» Il attend presque les remerciements.

Il aime bien être la vedette du groupe. Il s'arrange généralement pour être vu et bien vu. Tout comme les participants intervenant sur les modes *impulsif* et *analyste*, le participant sur le mode *convaincant* passe très rarement inaperçu dans un groupe. Il se fait remarquer. Sa visibilité est généralement grande, quels que soient le groupe ou le sujet. Il est plutôt extraverti et il aime bien paraître. Il porte une attention particulière à son image dans le groupe. Ainsi, il est spontanément porté à ajuster son vocabulaire à celui des membres du groupe. Ni trop simples ni provocants, ses mots sont choisis pour plaire. Diplomate, il sait dire les choses. Il sait reformuler les idées choquantes de certains de façon à les rendre supportables à d'autres oreilles. Il n'est pas celui ou celle qui se fera remarquer en s'opposant ou en dénonçant. Il n'est pas rebelle, ce serait plutôt un modèle.

Le personnage existe par et pour les autres. Il incarne un mode d'interaction fait de synthèse et ouvert aux autres et aux nouvelles idées. Il est à l'écoute des besoins et des réclamations de tous et chacun. Ce n'est pas de l'altruisme généreux, ni non plus une peur exagérée de la solitude. Non, ce serait plutôt une extraversion un peu narcissique. Il construit sa propre pensée au fur et à mesure qu'il comprend et interagit avec celle des autres. En fait, il existe par et pour les autres à la manière de la vedette qui donne son spectacle. Le participant sur le mode *convaincant* est un acteur sur scène et le groupe est son théâtre.

En situation de conflits : *il ne faut jamais perdre la face*

Face aux conflits, le participant qui intervient sur le mode *convaincant* cherche d'abord à en minimiser l'importance aux yeux des autres. Par contre, lui-même en craint les répercussions. Il n'a pas peur de l'expression de tensions agressives mais il craint la désintégration du groupe si ces tensions augmentent trop. Il craint que les autres aient peur et refusent éventuellement toute forme d'échange et, par conséquent, de négociation. Pour lui, il y a toujours moyen de négocier. Il ne voit pas les tensions entre les gens comme infranchissables. Au contraire, elles peuvent représenter une source d'idées neuves. Après avoir tenté d'en réduire l'importance, il cherche ensuite à gagner du temps. Il espère une solution. Il attend que le temps fasse son œuvre et fasse émerger une voie d'intervention.

Pour contrecarrer l'émergence de telles tensions ou conflits et leurs éventuelles répercussions négatives sur la solidarité du groupe, il utilisera s'il le peut tous les moyens à sa disposition : humour, alliance, compréhension, appel à la responsabilité, etc.

Face à une contestation l'impliquant directement, le participant sur le mode *convaincant* se sent relativement à l'aise dans la mesure où il ne se sent pas visé personnellement. Tant que les remarques s'adressent aux idées et aux projets, il se sent bien. Toute la discussion, même acerbe, qui suit une telle contestation devient pour lui une espèce de jeu, un terrain privilégié où ses talents de bon communicateur et ses capacités d'argumentation et de synthèse peuvent se déployer allègrement.

Ce que ce mode révèle : *fusion et scission*

Les comportements du participant sur le mode *convaincant* indiquent le chemin du compromis. Ils montrent la voie du regroupement. Ils montrent où le groupe pourrait lâcher du leste, où l'écoute pourrait être fructueuse. Toutefois, les autres membres n'interpréteront pas nécessairement ses comportements comme lui les voit. Ainsi, par exemple, le participant *impulsif* peut n'y voir que collusion tandis qu'un autre plus *sceptique* doutera de la capacité du groupe à maintenir une alliance forte autour de son compromis.

Ainsi, par effet de système, les comportements du participant sur le mode *convaincant* peuvent malheureusement finir par mettre en évidence les polarisations possibles plutôt que les dissoudre. Par son empressement à vouloir tout réunir, il peut créer une certaine tension dans le groupe. Certains le suivront. D'autres, par contre, lui résisteront. Tous ne sont pas nécessairement prêts à transformer leur point de vue au même rythme que lui. Aussi, ceux et celles qui ne partagent pas ses élans peuvent se sentir lésés. Ainsi, paradoxalement, compte tenu de ses intentions de rallier les gens, il a tendance à créer des sous-groupes : le sous-groupe de ceux qui avancent et celui de ceux qui suivent, le club des « gagnants » et le club des « perdants ».

De plus, il tient généralement à distance les personnes qui n'ont pas d'idées. Par exemple, ce n'est pas avec ces personnes qu'il est porté à aller prendre sa pause santé. Elles peuvent alors décoder qu'il les perçoit comme moins performantes et même inférieures. Elles voient qu'elles ne font pas partie du club des «gagnants» et que, par conséquent, leurs idées vont être encore moins écoutées.

On peut supposer que l'on a affaire à un participant qui intervient sur le mode *convaincant* lorsqu'en sa présence l'ensemble des membres est charmé par ses idées et ses projets mais que, dès qu'il est parti, rien n'est plus aussi rose et même que, parfois, rien ne va plus. L'idée ou le projet semblent alors boiteux, ils ne tiennent pas. De plus, lorsque les gens reviennent avec leurs critiques, il change d'idée et se réajuste. Mais lorsqu'il s'absente de nouveau, les membres du groupe se sentent abandonnés par cette girouette.

Dans d'autres rôles : *une vedette*

Le participant qui intervient sur le mode *convaincant* a généralement tendance à occuper une position en vue au sein des groupes et organismes. Plus précisément, il occupe souvent une position centrale, au sens où il se place entre les parties. Il réussit généralement à maintenir sa crédibilité aux yeux de tous. Il s'efforce continuellement de projeter une image positive et valorisée par tous.

Lorsqu'il doit exercer une fonction d'autorité, le participant sur le mode *convaincant* s'appuie essentiellement sur son influence informelle et sa capacité à rallier. Il n'aime pas avoir recours à la contrainte. Il n'utilisera la menace et son pouvoir de coercition qu'en tout dernier recours. Il désire conserver une belle image. Il veut plaire à tout le monde. Il craint les répercussions néfastes que peut entraîner l'utilisation de la force. Certains pourraient même dire qu'il est prêt à acheter la paix.

Il aime bien être considéré comme un bon patron soucieux de son travail et préoccupé de ses employés. Plus encore, il apprécie que cela se sache, se voit et soit souligné publiquement. Aussi, il aime représenter le groupe auprès d'autres instances. Il aime être remarqué.

Par contre, sa façon de faire peut entraîner des iniquités et des tensions entre les membres, ce qui, ici encore, semble paradoxal pour un intervenant qui recherche avant tout le ralliement. Il peut être amené à faire des promesses, puis à les oublier, ou à déployer plus d'énergie pour satisfaire les récalcitrants que les employés plus dociles. Cette manière de diriger crée inévitablement des tensions entre lui et ses employés d'une part, et entre les employés d'autre part.

Lorsqu'il est nommé responsable de la coordination d'une équipe de pairs, le participant *convaincant* désire avant tout susciter la cohésion entre les membres. Il veut obtenir et créer une solidarité d'équipe autour des décisions prises. Aussi, il procède par lobbying. Avant les réunions formelles, il présente et discute avec ses collègues les principales propositions qui seront mises sur la table. Pour lui, les réunions formelles ne servent qu'à entériner les décisions déjà élaborées.

Par ailleurs, à cause même de cette façon de procéder, il peut donner l'impression de diriger l'équipe avec l'aide d'un clan de supporters, d'un club privé. Il donnera cette impression particulièrement dans les périodes de pointe, c'est-à-dire dans les périodes où il doit limiter sa consultation à ceux qu'il perçoit comme étant les plus capables d'avoir ou d'ajouter des idées nouvelles par rapport au point discuté.

En position de subalterne, l'intervenant sur le mode *convaincant* donne l'impression d'être ambitieux. Il est perçu comme le dauphin du roi, comme celui qui remplacera un jour le patron. Certaines personnes seront donc portées à agir en conséquence avec lui : certains se méfieront, d'autres voudront s'assurer de ses faveurs futures, etc. Il est l'employé qui apporte de nouvelles idées. Il devance les attentes de ses supérieurs. Devant son enthousiasme, ceux-ci sont sûrs de sa fidélité. Ils sont sûrs qu'il restera à son poste, qu'il ne quittera pas l'entreprise; du moins pas sans avertissement. Par ailleurs, personne ne sait vraiment ce qu'il pense. Il n'expose pas directement ses ambitions ou projets personnels.

Ses nœuds

Une image : *le caméléon flamboyant*

Le participant *convaincant* dégage une image de succès. Il paraît engagé et soucieux de la réussite du groupe. Certains veulent l'avoir comme allié. Il représente la réussite. Il est stimulant, voire flamboyant. Il apporte des idées. On ne s'ennuie pas avec lui.

Par contre, à trop vouloir en mettre, à trop vouloir toujours susciter un effet et capter l'attention, il risque de se faire rejeter par d'autres qui considèrent qu'il prend trop de place pour ce qu'il offre. Ceux-ci le considèrent bon vendeur, certes, mais trop léger, frivole et superficiel. À leurs yeux, il vole la vedette à d'autres. Il recherche le vedettariat.

De plus, ils peuvent aussi entretenir un certain doute à son égard. Ils voient bien qu'il veut rallier tout le monde mais ils ne savent pas toujours s'il est sincère, s'il croit vraiment à ce qu'il propose. Ce doute peut finir par miner sa crédibilité dans le groupe tout entier même s'il ne s'appuie en fait sur rien de très clair. En effet, même s'il semble ouvert, on ne connaît pas vraiment ses opinions personnelles. Elles demeurent cachées. Celles qu'il exprime ont souvent des relents de déjà vu, de déjà entendu. On aurait besoin de l'entendre s'affirmer, s'opposer, pour le considérer comme un appui véritablement solide. S'il n'affirme jamais ses opinions, s'il ne s'oppose jamais, il pourrait, aux yeux de ses détracteurs, avoir été manipulé par d'autres. En conséquence, ils doivent se méfier de lui.

De même, l'aspect indirect de ses interactions peut en rebuter plusieurs. Ses démarches d'influence, bien qu'elles soient bien intentionnées et visent à rallier l'ensemble des membres autour d'un dénominateur commun, exaspèrent parfois ceux et celles qui souhaiteraient que tout se déroule clairement, «comme dans les manuels».

Un point fort : *tous pour un*

Le principal point fort du mode d'interaction *convaincant* est certainement la possibilité de développer des alliances nombreuses et dans tous les camps. Ces alliances sont en effet nombreuses car le participant sur le mode *convaincant* cherche à rejoindre ni plus ni moins que tous les membres du groupe. Elles sont toutefois conjoncturelles, en ce sens qu'elles dépendent du sujet discuté et des objectifs poursuivis. Elles ne sont pas coulées dans le béton. Mais ce participant n'est pas non plus le genre de personnage à trahir son monde. Ou, du moins, il n'est pas le genre à laisser l'impression d'avoir trahi. Il tient trop à l'appui des autres. Il tentera, et réussira généralement, à faire voir et accepter à ses alliés les raisons et motivations de son changement de camp.

Cependant, ce que le participant sur le mode *convaincant* gagne en capacité de ralliement, il le perd en capacité d'apporter une contribution vraiment personnelle. Il est très rapide pour relever les manifestations d'accord et créer des alliances. Par contre, il hésite à faire quoi que ce soit qui pourrait porter atteinte à sa popularité. Il est un mauvais polarisateur. Il peut donner un nouveau souffle à un groupe ou à un projet sans vie. Par contre, il adhère aux «manières de dire ou de faire» à la mode de façon entière sinon excessive. Il peut même être perçu comme quelqu'un qui ne cherche le changement que pour le changement.

Aussi habile soit-il par ailleurs, le participant qui intervient sur le mode *convaincant* éprouve généralement de la difficulté à décoder les stratégies de pouvoir des autres. Sa vision du groupe n'est pas qu'un clan cherche à l'emporter sur les autres. Pour lui, ce ne sont pas les luttes clandestines et non dites qui menacent le groupe mais plutôt la division et l'éclatement causé par l'incompréhension mutuelle. En conséquence, il tombe des nues lorsqu'on lui indique et lui prouve qu'un individu ou un sous-groupe ne cherchait en fait qu'à contrôler les faits et gestes des autres sans égard aux intérêts du groupe.

Un piège : *ceux qui me suivent m'aiment*

Le participant sur le mode *convaincant* cherche à établir et à maintenir sa cote de popularité dans le groupe. Il porte particulièrement attention à ses succès et à ceux des autres. Par contre, ses participations émotives demeurent légères et superficielles parce très nombreuses et, vice versa, elles sont très nombreuses parce qu'elles sont légères et superficielles. Ses attachements, tant aux personnes qu'aux projets, sont passagers. Ce qui les rend mémorables, à ses yeux, c'est le succès qu'ils ont remporté. Le succès devient ainsi source d'affection et de réconfort. Il constitue son principal indice de popularité.

Cette association entre succès, popularité et affection perpétue sa constante recherche d'approbation. Elle perpétue ses efforts de promotion d'idées ou de projets dans le groupe. À force de s'associer à tout le monde et à tous les projets, le participant sur le mode *convaincant* finit effectivement par participer aux propositions retenues par le groupe. Il s'associe tellement aux autres qu'il finit par s'attribuer, à ses propres yeux du moins, le succès des idées et des projets.

De plus, sa constante recherche de ce «succès-popularité-affection» l'amène à survaloriser tant sa disponibilité que son importance dans le groupe. Il ne dit jamais non et croit que les autres ont toujours besoin de lui. Aux moindres signes d'inattention, il s'efforce et s'agite du mieux qu'il peut jusqu'à ce qu'il réussisse de nouveau à remonter sa cote de popularité. Il se confirme alors qu'il lui faut persévérer, jusqu'à l'épuisement s'il le faut, mais que s'il persévère assez longtemps dans sa quête de ce «succès-popularité-affection», il réussira.

On peut se faire un réel allié du participant qui intervient sur le mode *convaincant* en l'associant à tout ce qu'on propose et qui semble receler un potentiel de popularité ou de nouveauté. Par contre, il peut être manipulé directement par la flatterie ou, indirectement, en créant des tensions artificielles qu'il cherchera à éteindre. Ainsi, par exemple, on créera à ses yeux une polarisation, entre soi et d'autres personnes, tout en lui indiquant en termes encore imprécis une piste de compromis que l'on serait prêt à suivre. Il devrait s'y engager. Il ne reste alors qu'à le féliciter à chaque pas qu'il fera dans la «bonne» direction.

Une clé : *la différenciation*

Le participant qui intervient sur le mode *convaincant* est un personnage de fusion. Il cherche à s'unir et à s'allier aux autres. Aussi, il est obligé d'avoir recours à d'autres stratégies de participation en groupe lorsqu'il est coincé dans une zone de compétence précise, délimitée et différente. Il ne sait pas faire face aux frontières entre les personnes, les clans et les opinions. Il veut les franchir, sinon les dissoudre.

Aussi, il se doit de dépasser ses stratégies habituelles dans au moins deux situations. Chacune de ces deux situations comporte un choix entre des stratégies opposées. Le premier choix correspond aux situations où il est amené soit à se confondre au reste du groupe, soit à s'opposer fermement à un ou des membres du groupe. Le deuxième choix correspond aux situations où il doit soit ne rien proposer et s'abstenir, soit persévérer malgré le peu d'enthousiasme des autres. Face à ces choix, le participant sur le mode *convaincant* est pris entre le silence et l'assaut, deux stratégies qui lui sont étrangères, avec lesquelles il n'est pas à l'aise.

Autrement dit, pour obliger ce personnage à innover par rapport à ses stratégies habituelles, il faut l'inviter à se différencier. Pour ce faire, il y a au moins deux possibilités. Soit on cherche délibérément à l'ignorer dans des situations où il apparaît prévisible qu'il prendra la parole, soit on cherche délibérément à faire appel à ses services dans des situations où il serait porté à se retirer. Bref, on l'incite soit au silence soit à l'assaut, c'est selon.

On peut aussi chercher à dépersonnaliser les projets qu'il défend et qu'il cherche à promouvoir dans le groupe. Il s'agit de séparer les projets de sa personne sans provoquer de compétition. Pour ce faire, le groupe peut s'approprier le projet. Chaque membre peut s'exprimer en employant le «nous». Il faut parler de «notre projet» ou «du projet du groupe» plutôt que de «son» projet. Tant que le projet sera associé à sa personne, il percevra l'adhésion des membres à ce projet comme une marque de confiance personnelle, un plébiscite.

CHAPITRE 5

Le mode *analyste* : entre la perplexité et la confusion

Le participant qui interagit sur le mode *analyste* a plutôt tendance à être *proactif*. Il commente. Il met en perspective. Il fait des liens. Il intervient souvent mais reste relativement distant. Il ne relève les éléments émotifs d'une discussion ou d'une décision que pour les expliquer. Ses préoccupations sont plus intellectuelles qu'émotives.

Pour mieux cerner le personnage, disons qu'il peut parfois être qualifié, selon le moment ou le contexte, de commentateur, d'insensible, d'analyste, de mentor, d'éclaireur, de calculateur, de penseur, de non-spontané, de rêveur, de songe-creux, de visionnaire, de guide. En bref, le participant sur le mode *analyste* correspond plus ou moins directement à l'image que l'on se fait de l'intellectuel dans un groupe. Solitaire et perspicace, il donne son opinion. Il se place d'emblée au-dessus des petites querelles et tensions qui peuvent habiter le groupe. Il ne s'engage que très peu émotivement. Il reste distant mais il collabore et est généreux de ses idées.

Ses convictions

Le groupe : *un obscur enchevêtrement*

La conviction de base du participant qui intervient sur le mode *analyste* est que tout groupe a continuellement besoin de clarifier ses objectifs. Pour ce participant, un groupe est toujours prêt de sombrer dans la confusion. Si ça va mal, c'est que les membres ne savent pas où ils vont, c'est qu'il n'y a pas eu de mise en commun des objectifs. La compréhension prime sur l'action et sur l'émotion. Pour lui, un groupe ne va pas nécessairement bien parce qu'on s'y sent bien à faire ce que l'on fait, un groupe va bien lorsque les participants comprennent ce qui s'y passe et où il va.

Ce participant *analyste* n'est évidement pas d'accord avec le principe selon lequel on essaie d'abord, puis on avise. Il veut plutôt anticiper toutes les possibilités. Être plongé dans l'action sans qu'il maîtrise tous les scénarios possibles le rend anxieux. Pour ce personnage, l'important n'est ni de produire ni de s'aimer mais de se comprendre. Seule la compréhension le calme. L'action à l'aveuglette l'horripile.

Ce participant croit que ce qui maintient les gens ensemble, c'est leur compréhension mutuelle des objectifs ou des phénomènes de groupe, des buts ou de la mission du groupe. Il croit que les gens ont besoin d'une ligne directrice commune pour travailler ensemble. Le participant *analyste* croit que les gens sont ensemble essentiellement pour échanger des idées. À la limite, il croit qu'il est plus important de comprendre que d'agir. En conséquence, aux yeux de l'analyste, la confusion, aussi petite soit-elle, porte en elle les germes de la zizanie et de la destruction du groupe.

Son rêve est de devenir l'expert des experts. Il rêve que les gens l'interrogent, que les meilleurs viennent le consulter. Le paroxysme du bonheur serait que ceux que lui-même admire requièrent son avis. Il voudrait être l'autorité, l'expert, la référence. Il veut «mettre en lumière», au sens de faire voir aux autres des éléments qu'ils ne voient pas. Il ne s'agit pas pour lui de dénoncer des sous-entendus à la manière du mode *impulsif* mais d'expliquer une situation en totalité en considérant autant ses éléments explicites qu'implicites. Son salut, c'est l'expertise.

Ses émotions

Une constante : *le brouillard*

L'univers du participant sur le mode *analyste* est essentiellement centré sur les idées. Émotivement, ce participant est donc plutôt impassible. Ce n'est pas qu'il soit passif, bien au contraire, il s'agit d'un personnage actif au sein des groupes auxquels il participe. Toutefois sa participation est principalement alimentée par son intellect. Il n'est pas porté à manifester des réactions viscérales de rejet ou d'attirance face à des personnes ou à des projets. Il se laisse rarement, sinon jamais, emporter par ses pulsions du moment. Elles ne font pas partie de sa réalité immédiate. Il présente plutôt le pour et le contre. Ses réactions sont médiatisées par l'intellect. Tout au plus éprouvera-t-il une certaine répulsion pour les gens qu'il perçoit comme n'aimant pas les idées et trop pressés de passer à l'action, et une certaine attirance pour les gens de paroles et de planification.

Il est aussi relativement mal à l'aise face aux familiarités. Il n'établit des relations avec les autres membres qu'à partir et autour du travail. Ces relations ne débordent que très rarement sur le plan personnel. En fait, les grandes manifestations de tendresse ou de colère lui font perdre pied en groupe. Sa froideur apparente n'est cependant pas vraiment un refus volontaire de faire voir ce qu'il ressent mais plutôt l'expression cohérente du peu de réactions que suscite chez lui le monde émotif, autant le sien propre que celui des autres.

Toutefois, au-delà de sa relative insensibilité, la peur de l'absurde et de la confusion l'habite. Il a parfois peur de ne pas pouvoir donner un sens à ce qui lui arrive. Il a peur de s'embrouiller, de ne plus savoir où il en est et où le groupe est rendu. Il déteste la confusion. Il est stimulé par la compréhension et la clarification. Aussi, ce participant *analyste* est directement interpellé par les risques de confusion dans le groupe. Son monde demeure celui des idées et de l'analyse ou, mieux encore, celui de l'explication et de la communication de cette explication.

Malgré sa propension à agir sur les idées, ce participant *analyste* n'est pas aveugle ou insensible aux relations interpersonnelles entre les membres. Il peut enregistrer et tenir compte des informations contextuelles et non verbales visibles et disponibles dans le groupe. Toutefois, il n'intervient habituellement pas sur l'émotif. Il en tient compte, c'est tout. Il considère les dimensions émotives mais il ne le montre pas. En fait, le participant sur le mode *analyste* cherche à conserver ou à ramener les débats sur le plan des idées. Ce n'est pas lui qui pensera de prime abord à demander aux membres s'ils se sentent bien. Par contre, si certains expriment clairement un malaise, ce n'est pas lui qui le niera; mais il n'en rajoutera pas non plus. Il ne demandera pas aux gens d'en dire plus. Il cherchera plutôt à donner un sens à ce comportement émotif de façon à l'inscrire dans une perspective de groupe. Il veut expliquer le malaise et le rendre ainsi acceptable et non dérangeant.

Ses contributions

En réunion : *la compréhension d'abord*

Le participant sur le mode *analyste* est un personnage qui oriente et encadre l'action. Il clarifie tout et constamment. Il clarifie les interventions, les siennes et celles des autres. Il fait voir et explique. Ses interactions visent à expliquer et à préciser. Il est généralement en mesure de justifier le pourquoi de ses actes et même le pourquoi de celui des autres. Toujours rationnel, s'il n'a pas d'emblée d'explication, il en élaborera une sur-le-champ.

Il est en alerte quant au contenu des échanges. La plupart du temps, il a quelque chose à ajouter, un commentaire à passer, un lien à énoncer. Il précise les intentions. Il reformule les objectifs. Il commente les phénomènes de groupe. Il sait mettre en relation les actions courantes et les projets à long terme du groupe. Aussi, il cherche à éviter que quelque chose se décide ou même qu'une discussion s'engage sans qu'il ait pu mettre son grain de sel. Il veut être de tous les débats. Non seulement veut-il participer, ce qui lui semble le minimum, mais il veut influencer sinon orienter le débat. Il veut être une référence. Il veut être celui par qui passent les décisions et les projets.

Le participant qui intervient sur le mode *analyste* aime répondre aux questions, même lorsqu'elles ne lui sont pas directement adressées. Il aime offrir une réponse. Il aime placer dans un cadre plus large les interventions des autres. Il cherche constamment à participer aux explications de la réalité, sinon à les contrôler. Dans le groupe, la compréhension et la conceptualisation sont son affaire. Son territoire est délimité par les synthèses, les analyses, les propositions, les contre-propositions et les théories.

Il utilise fréquemment et facilement de nombreuses grilles d'analyse pour expliquer ce qui se passe dans le groupe. Il peut même aller jusqu'à créer une théorie personnelle expliquant le fonctionnement du groupe.

De même, ce participant *analyste* est sensible aux éléments de conversation porteurs de confusion ou d'ambiguïtés. Face à ces éléments équivoques, il cherche une explication. Il veut les contrôler. Il anticipe les difficultés et, surtout, il cherche à empêcher qu'elles se développent. Il garde en tête le pourquoi de la réunion, le contexte général. Il songe aux conséquences probables sur les divers rôles des personnes touchées par les décisions du groupe. Il fait des propositions ou des contre-propositions en fonction de ses anticipations. Présenter ses synthèses et ses analyses est un plaisir.

Lui-même, lorsqu'il a quelque chose à dire, attend généralement que sa pensée soit complète et articulée. Il veut influencer de façon constructive, mais il le fait selon sa vision. Il est ouvert aux idées, propositions et interventions des autres tant que cela s'inscrit dans sa vision des choses. Il réagit à une vision différente. En fait, il ne perçoit pas que l'autre a une vision différente de la sienne. Il croit plutôt que l'autre ne comprend pas sa vision des choses ou, pire encore, que l'autre ne comprend pas du tout, qu'il ne comprend rien à rien.

Ses interventions peuvent donc paraître fermées aux yeux des autres, en ce sens qu'elles offrent plus de réponses qu'elles ne posent de questions. Il réussit, souvent à son insu, à ne pas laisser de prise aux questions ou aux commentaires des autres. Les gens ne peuvent que s'incliner devant la clarté de ses interventions. Ils sont obligés d'être d'accord avec ses explications ou de s'opposer à lui.

Toutefois, malgré ses nombreuses interactions, le participant *analyste* ne désire pas attirer l'attention des autres sur sa personne. Sans être discret, il ne joue pas non plus à la vedette. On le remarque généralement, mais il n'aime pas qu'on parle de lui. Il préfère qu'on parle de ses idées. Il s'attend à ce que les autres s'intéressent à ce qu'il pense. Il s'attend à ce que les autres l'interrogent directement et souvent. Il commente fréquemment ce qui se passe dans le groupe. Il est toujours présent sans être agressif. Il ne vise pas les personnes, plutôt les idées. Son mode d'interaction pourrait être qualifié d'intellectuellement affirmatif. Toutefois, il ne cherche à écraser personne. Pour lui, l'essentiel est de clarifier les objectifs.

Ainsi, malgré sa participation aux décisions, le participant sur le mode *analyste* préfère participer à la clarification des objectifs ou à leur redéfinition plutôt qu'à l'action. Il aime les longues discussions. Il n'est habituellement pas pressé de passer à l'action. Il préfère analyser et évaluer longuement d'abord et ne passer à l'action que plus tard. Pour ce personnage, toute action trop rapide recèle un risque de confusion. Pour lui, toute action doit toujours être assujettie à des objectifs clairs. En conséquence, il cherche à rendre ces objectifs explicites aux yeux de tous.

Il aime la relation d'éclaireur à éclairé. Il n'aime pas les relations toujours entachées de connotations émotives. Il aime ne pas avoir à se préoccuper de l'autre. Il préfère se concentrer sur sa réponse. Lui-même reste distant et insaisissable sur le plan personnel. Ses alliances sont donc, elles aussi, intellectuelles. En fait, il ne s'allie pas à des personnes mais à des idées, à un courant de pensée. Il perçoit comme des alliés les gens qui pensent comme lui et qui adhèrent aux mêmes courants de pensée, et ce, indépendamment de toutes autres considérations contextuelles, interpersonnelles ou émotives.

Par rapport aux aspects plus discrets, implicites et contextuels, présents dans ses relations avec les autres, il leur accorde autant d'importance qu'aux aspects explicites, verbaux et connus de tous. Pour lui, il s'agit d'éléments à considérer et à intégrer pour une compréhension juste et adéquate. Toutefois, même s'il cherche à expliquer et à prendre en considération ces aspects moins évidents de la communication entre les membres, il ne les dénonce pas aux yeux des autres. Il ne cherche aucunement à provoquer. Il veut faire comprendre.

Malgré l'importance réelle de sa contribution au bon fonctionnement du groupe, le participant *analyste*, comme tous les participants *proactifs*, a parfois tendance à surestimer son rôle dans le groupe. Il se perçoit presque comme essentiel au bon fonctionnement du groupe. Il craint sincèrement que sans lui le groupe soit quelque peu démuni. Précisons cependant que ce n'est pas sa propre personne qu'il perçoit comme si importante mais sa contribution.

Par ailleurs, il est très généreux de son temps et de sa personne. En fait, le monde des idées lui sert d'outil pour être aimé. Comme tout le monde, il a besoin d'être reconnu et apprécié. Les idées et le monde intellectuel en général lui servent d'instrument privilégié comme d'autres manient la culpabilité, la séduction, la colère, etc. Lorsque les autres comprennent et croient ce qu'il explique, alors il se sent bien et satisfait. Il est rassuré. Il se sent compris et aimé.

En situation de conflits : *raisonner la tension*

Face aux conflits, il est important, pour le participant qui intervient sur le mode *analyste*, de bien comprendre ce qui se passe et de bien saisir les enjeux de ces conflits. Ce participant croit qu'il est essentiel de voir et d'expliquer ces enjeux. Aussi prend-il ses distances. Il cherche à maintenir un recul afin de mieux percevoir l'ensemble des éléments concernés. En fait, il fuit toute participation à un conflit. Il n'aime pas être contaminé par des émotions qu'il ne peut expliquer.

Lorsque des tensions émotives se manifestent ouvertement entre les membres, ses interventions tombent souvent à plat ou font faux bond. Elles peuvent sembler totalement hors-propos. Elles s'arriment très mal à la charge émotive qui est présente. Au mieux, les protagonistes l'ignoreront tandis que les autres lui feront signe de se taire. Au pire, il se mettra tout le monde à dos. Tous considéreront qu'il n'a rien compris et qu'il se mêle de ce qui ne le concerne pas. Aux yeux des autres, son effort de compréhension reste déconnecté. Il lui manque une certaine manifestation de sensibilité.

Le participant sur le mode *analyste* n'aime pas la contestation. Il ressent la contestation de ses idées comme une attaque personnelle. Il existe dans le groupe à travers ses idées et ses propositions. Aussi, contester ses idées, c'est un peu le contester lui. Il se sent alors rejeté. Devant la contestation, ou bien il s'obstine dans son point de vue, ou bien il se retire complètement et reste silencieux. Il fait la roche ou il laisse le groupe couler sans lui. En fait, lorsqu'il se sent coincé, il se défend en devenant rigide ou il abandonne totalement et laisse aller sans mot dire.

Par ailleurs, aussi fin soit-il dans ses analyses, le participant *analyste* n'est que rarement partie prenante dans les tentatives de contrôle ou de manipulation qui peuvent avoir lieu dans un groupe. Il garde ses distances, il observe. Pour lui, ces comportements de contrôle s'expliquent la plupart du temps autrement que par le seul recours à des conflits entre personnes. Il n'a pas tendance à ramener ces luttes à des intentions personnelles. Il y voit plutôt les conséquences d'un contexte plus large. En fait, ces tentatives de contrôle et de manipulation découlent, à ses yeux, directement d'une situation déterminante englobant tous les protagonistes.

Pour lui, les membres d'une équipe se présentent comme autant de pièces d'un casse-tête dont il faut connaître les caractéristiques pour les assembler. Chaque membre doit être observé afin d'identifier ses ressources et limites pour le groupe. Quant à lui, il se présente comme le maître d'œuvre capable de rassembler les pièces en un tout cohérent. Il cherche comment utiliser les possibilités de chacun pour l'atteinte des objectifs du groupe.

Selon ce personnage, un monde clair et net serait un monde en paix. Une bonne réunion est, pour lui, une réunion où tout le monde sait et comprend clairement où l'on va. À l'opposé, la principale source de tensions et de conflits entre les membres d'un groupe provient de ce qu'ils ne se sont pas bien compris entre eux. Ils ne perçoivent pas tous de la même façon le projet qu'ils poursuivent ensemble.

Ce que ce mode révèle : *le silence ou le bruit*

Les interventions et les non-interventions de ce participant sur le mode *analyste* sont révélatrices à plusieurs égards. Par rapport au groupe, ses silences sont habituellement positifs. Ils indiquent qu'il règne une certaine cohésion entre les interactions des membres par rapport à la tâche. En effet, ce participant s'exprime dès qu'il croit que le groupe risque de s'éparpiller et d'être désorienté.

Les silences prolongés de ce participant peuvent aussi indiquer qu'il ne comprend plus ce qui se passe ou qu'il ne se sent pas compris. Ce personnage a autant besoin de comprendre que d'être compris. Si l'une ou l'autre de ces dimensions vient à lui manquer, il se retire en lui-même et se coupe du groupe.

Par contre, l'inverse n'est pas vrai. Lorsqu'il s'exprime beaucoup cela ne veut pas dire que le groupe est menacé, cela indique simplement que le groupe est en période de clarification ou de réévaluation de ses objectifs ou, au pire, que le groupe ne sait plus où il va.

Les propos du participant sur le mode *analyste* augmentent la cohésion du groupe ou démobilisent les gens. Ses interventions visent, et réussissent généralement, à offrir un cadre cohérent et fonctionnel aux décisions et aux objectifs du groupe. Elles encadrent et supportent au niveau des idées. Elles sont nuisibles et créent une certaine confusion lorsque les membres du groupe continuent de l'écouter au-delà de ce qui est nécessaire. En effet, elles deviennent nuisibles lorsque les membres l'encouragent à continuer ses explications alors que les problèmes qu'ils percevaient sont compris ou même déjà résolus. Soit ses propos rassurent les gens et leur offrent un cadre de référence explicatif, soit ils les découragent de tenter d'analyser ou d'expliquer ce qui se produit dans le groupe puisque, de toute façon, il va toujours avoir quelque chose à ajouter. Bref, plusieurs attendent ses interventions tandis que d'autres attendent qu'il finisse de parler.

Dans d'autres rôles : *un stratège*

Quel que soit le rôle qu'il assume au sein d'un organisme ou d'une entreprise composée de groupes, qu'il soit patron, coordonnateur ou simple employé subalterne, ce participant sur le mode *analyste* a tendance à exercer un rôle de stratège ou d'éminence grise. Il porte et communique une vision à moyen et long terme des objectifs du groupe. Il cherche à clarifier ou à faire clarifier tant la mission de l'organisme que les liens entre les objectifs du groupe et cette mission.

En position d'autorité, ce personnage est à la fois contrôlant, aidant, souple et sécurisant. Bref, un style «grand frère» ou «grande sœur». L'intervenant cherche à expliquer les orientations, les objectifs et les définitions des politiques, ce qui a pour effet de le rendre sécurisant. Il donne l'impression de savoir où il va. Il ne sera toutefois pas «contrôlant» par rapport aux personnes ou aux moyens utilisés. Au contraire, s'il n'a pas à se préoccuper de ces aspects matériels, il n'en sera que plus heureux. Il donnera de la latitude quant aux moyens à prendre, du moins tant que les moyens choisis lui apparaîtront cohérents avec les objectifs explicites.

Par contre, de lui-même, il offre peu de soutien sur le plan personnel. Si on lui demande directement de l'aide, il se limitera alors à un rôle de conseiller. Il reste distant face aux personnes en dehors de leurs fonctions comme employés mais il peut être très près d'eux tant qu'ils sont dans leur rôle. De plus, la latitude qu'il laisse à tous peut donner l'impression d'un certain laisser-aller, ou qu'il est moins intéressé à la gestion quotidienne.

D'autre part, s'il exerce un rôle de coordonnateur des réunions, son intention est d'éclaircir au maximum le travail à faire. Il veut que ce travail soit clair pour tous. Il cherche et encourage les discussions calmes et rationnelles. Il tentera de contrôler tout débordement affectif pouvant perturber le cours des débats. Les réunions qu'il dirige ne se déroulent pas exactement sur le mode passionnel. En fait, les échanges restent plutôt impersonnels et centrés sur les objectifs et les projets du groupe.

Par ailleurs, le coordonnateur *analyste* n'a pas d'attente particulière par rapport au groupe sinon que les membres s'intéressent à ses propos. Son attente est qu'on le comprenne. Les réunions risquent donc, surtout au début, d'être ponctuées par ses interventions. Lesquelles interventions visent à mettre en perspective tant les propos des membres que l'avancement de la tâche par rapport aux objectifs globaux.

De même, ce personnage est un employé réfléchi qui met les tâches en perspective. Il est rigoureux dans sa compréhension. Il comprend aussi bien sa tâche et son rôle que les politiques générales de l'organisme. En fait, en tant qu'employé il n'a pas de problèmes avec l'autorité tant que celle-ci exprime et soutient une position claire et défendable à ses yeux, mais il ne tolère pas et réagit très mal à la confusion chez ses supérieurs et dans la définition de sa tâche. De même, il supporte très mal la routine du quotidien sans possibilité de discussion plus globale. En fait, ce n'est pas tant la routine qu'il supporte mal que l'absence d'échanges. Une réunion portant explicitement sur la mise en commun des perceptions de chacun comblera ce besoin et permettra au participant sur le mode *analyste* de supporter bien des maux. Toutefois, lui-même ne passera pas à l'acte pour effectuer des changements qui lui semblent pourtant nécessaires.

Ses nœuds

Une image : *le phare obscur*

Généralement prévisible quant à l'aspect rationnel et réfléchi de ses interventions, le participant sur le mode *analyste* est souvent perçu comme le penseur ou l'intellectuel du groupe. S'il s'en tient à son territoire et qu'il est capable d'une certaine retenue lors des enjeux plus émotifs, il est habituellement accepté par les autres et lui-même demeure assez confortable dans cette position.

Nous l'avons dit, le participant *analyste* aime nommer ce qu'il perçoit chez les autres. Chez lui, tout est prétexte à commentaire. Les émotions, les alliances, les conflits, les tensions, etc., sont verbalisés. Cette manie peut malheureusement entraîner chez certains une attitude de rejet à son égard, car il ne communique pas toujours une véritable compréhension des personnes et de leur vécu. Ce qu'il communique, c'est surtout son expertise, sa vision des choses dans laquelle la situation du groupe ne représente en fait que l'illustration d'un principe plus général. Ainsi, on lui reprochera de se mêler de ce qui ne le concerne pas, de parler à tort et à travers, de ne pas participer assez à la tâche réelle. On lui demandera de parler moins et de s'engager plus. Il ne pourra vraisemblablement pas satisfaire ses critiques car, spontanément, il cherchera à nommer encore plus et mieux ce qu'il perçoit des enjeux de sa contestation. On le jugera alors incapable de sortir de son monde intellectuel.

Le participant sur le mode *analyste* donne finalement l'impression d'être peu concerné par le groupe, de garder une distance. Pourtant, ce n'est pas du groupe comme tel qu'il s'éloigne. Bien au contraire, c'est des personnes qu'il s'éloigne. Le groupe en lui-même l'intéresse souvent plus que les personnes qui le composent. Aussi, il arrive que plusieurs se sentent délaissés et rejetés par ce personnage. Ils peuvent le trouver méprisant et hautain. Ils ne se sentent aucunement considérés et écoutés. De plus, puisqu'ils ne se sentent pas toujours concernés par ses propos, ils peuvent le juger déconnecté. Il perd alors de sa crédibilité parce que les autres ne se reconnaissent pas dans ce qu'il dit.

De même qu'il s'intéresse peu aux autres en tant que personnes, il se livre très peu. Aussi, il est parfois difficile de savoir où il se situe, lui, comme personne. Sa position est claire mais impersonnelle. Elle reflète une compréhension, une interprétation selon telle ou telle théorie ou encore selon telle ou telle école de pensée, mais on n'arrive pas à savoir ce qu'il en pense vraiment. Les autres peuvent avoir de la difficulté à le comprendre et à le saisir. Son cheminement personnel reste difficile à suivre. On lui demandera souvent : «Mais toi, qu'en penses-tu?» Il aime cette question. Qu'on l'interroge ainsi lui plaît et l'encourage dans son attitude. Aussi ne répondra-t-il pas directement. En fait, il ne se rend pas nécessairement compte qu'il ne répond pas car, de son point de vue, il donne son avis, donc il répond. Les gens restent toutefois sur leur faim. Ils s'attendaient à une opinion ou à une prise de position personnelle. Il leur aura plutôt servi le pour et le contre selon tel ou tel contexte.

Il suscite l'admiration ou la résistance. On ne se fâche pas après lui. On ne sympathise pas avec lui. On adopte ou rejette ce qu'il dit. Aussi est-il particulièrement vulnérable à la perte de crédibilité entraînée par le fait qu'il ne met pas en pratique ce qu'il dit ou par l'incohérence entre ses actes et les positions théoriques qu'il défend. Certains se méfieront donc grandement de lui s'il ne passe jamais à l'acte ou s'il ne le fait que d'une manière incohérente.

On peut supposer que l'on a affaire à quelqu'un sur le mode *analyste* lorsqu'on ne réussit jamais à savoir au juste ce que cette personne ressent tout en ayant accès à ce qu'elle pense, lorsqu'elle précise et articule notre pensée mieux que nous («Il explique bien ce que l'on pense»), lorsque les mots perspicace, distant, intelligent, froid, etc., nous viennent à l'esprit ou lorsqu'on se fait très bien expliquer les phénomènes de groupe tout en se sentant libre d'agir à notre guise, presque abandonnés.

Un point fort : *la tête hors de l'eau*

Le principal point fort du participant sur le mode d'interaction *analyste* est évidemment de comprendre et, par le fait même, de conserver un certain contrôle sur la situation. De plus, le rôle d'éclaireur qu'exerce ce participant lui procure un sentiment d'appartenance et d'utilité. Le participant obtient une sécurité intérieure avec un minimum d'engagement émotif. Ses besoins de reconnaissance sociale et d'identité sont comblés sans qu'il ait à ressentir toutes sortes d'émotions plus ou moins agréables ou contrôlables. Il garde la tête hors de ce monde intérieur relativement obscur. Il garde la tête dans un monde propre et bien éclairé où chacun sait où il va.

Inversement, la principale faiblesse du participant *analyste* est une certaine difficulté à identifier ce qu'il ressent et ce que les autres ressentent en groupe. Ses interventions restent au niveau des idées. Aussi est-il relativement gauche pour intervenir sur les rapports émotifs entre les gens.

Aucun des six modes d'interaction n'est facile à adopter de façon volontaire. Tous reflètent un long apprentissage et tous s'ancrent dans de profondes convictions qu'on ne peut pas ignorer à volonté. Aussi, il est relativement difficile d'imiter de manière crédible une façon d'intervenir autre que la nôtre. Toutefois, le style distant du mode de participation *analyste* peut servir de modèle d'interaction à suivre dans des situations où l'on se sent émotivement trop vulnérable pour être efficace ou adéquat. Il s'agit alors de centrer toute notre attention sur la compréhension de ce qui se passe devant nous. Les modèles théoriques du groupe peuvent nous être d'un grand secours lorsque nous voulons adopter ce mode d'interaction. On a alors recours à ces concepts et à ces notions de groupes pour dépersonnaliser les événements à comprendre et à maîtriser. Ensuite, de manière à objectiver la situation, on passe à une phase active de communication, sinon d'explication.

Un piège : *si je comprends, il n'y a pas de problème*

Le participant sur le mode *analyste* s'enthousiasme au sujet des idées. Plus il fait de liens entre celles-ci, plus il peut éclaircir le sujet, plus il paraît fébrile. Ce participant est un personnage qui, nous l'avons dit, aime les objectifs et les projets clairs. Définir et élaborer un projet participe à son bien-être. À l'extrême, ce personnage s'ennuie dans l'exécution. Ou encore, il peut se sentir inutile et être aux prises avec un certain désarroi lorsque le groupe en est rendu à une phase d'action et que tout va bien. Il ne sait alors que dire. Ses interventions, qui étaient si éclairantes, deviennent tout à coup impertinentes. Il peut avoir l'impression d'être à l'écart.

Il est aussi très alerte pour éviter la dérision et le blâme. La justification n'est jamais très loin. Il ne veut pas perdre la face. Il craint de ne plus comprendre. Il veut donc toujours être en mesure de s'expliquer à lui-même ce qui se passe dans le groupe. Se retrouver sans explication lui donnerait l'impression d'être nu. Plus il est mal à l'aise, plus il offre des explications. Plus il offre des explications, plus les autres résistent. Plus les autres soulèvent des points obscurs ou incohérents, plus il complique ses explications. Plus il complique ses explications, moins les autres comprennent. Moins les autres comprennent, plus il se sent mal à l'aise... Il est capable de complexifier ses explications jusqu'à en devenir totalement abstrait, incompréhensible, sinon ésotérique.

En fait, tant et aussi longtemps que ce personnage peut comprendre et expliquer un phénomène, il est capable de le tolérer. En période d'inconfort, il cherche à s'expliquer en quoi cela ne va pas si bien. Il a espoir de mieux se sentir s'il comprend la situation. De plus, s'il peut expliquer la situation aux autres au lieu de se retirer, cela devient pour lui une façon de ne pas avoir l'impression d'être inutile. Silencieux dans son coin, il ne se sent pas très bien. Dans un paradoxal effort pour se sentir mieux dans le groupe, il peut donc s'efforcer de continuer à expliquer et à complexifier sa compréhension jusqu'à être isolé de la réalité du groupe. Sans rationnel, ce personnage est totalement désemparé, il ne sait quelle direction prendre. Avec trop de rationnel, il est totalement déconnecté, on ne sait plus où il va.

Par ailleurs, plus il croit que les autres apprécient ce qu'il leur explique avec tant de cœur, plus il se sent aimé. Il peut ainsi être amené à se sentir «proche» de certaines personnes qui, elles, le trouveront pourtant froid et distant.

Toutes ces difficultés et tous ces malentendus dans ses rapports avec les autres le confirment dans le confort de sa distance et l'encouragent à demeurer dans le monde des idées. Ses difficultés interpersonnelles et émotives l'amènent alors à éviter d'entrer en relation sur le plan personnel avec les membres des groupes auxquels il participe. Elles l'incitent à valoriser son statut d'«expert» et donc à le demeurer.

Une clé : *l'engagement*

L'engagement constitue une importante clé tant pour atteindre ce personnage et composer avec lui que pour l'aider à mieux contribuer au groupe. En s'engageant, ce participant sur le mode *analyste* brise le cycle du piège «ils ne comprennent pas/je suis mal à l'aise/j'explique». Dans l'action et la décision, il peut atteindre les autres et les autres peuvent le rejoindre, et le risque de tomber dans son piège s'amoindrit.

Au moins quatre pistes s'offrent à qui veut exploiter cette clé : l'action, la spontanéité, l'émotion et les silences. Dans tous les cas, on demande à l'*analyste* l'inverse de sa stratégie naturelle. On lui demande de partir du geste ou du senti pour formuler ses idées, plutôt que l'inverse.

La première, et peut-être la plus «confrontante», de ces pistes d'intervention est l'action. C'est elle qui fait l'appel le plus direct à l'engagement. On demande à cet *analyste* d'illustrer concrètement comment il voit son idée ou sa proposition dans l'action. On lui demande d'illustrer les comportements et même de faire lui-même les premiers gestes. Bref, de traduire son idée en action.

Une deuxième piste est de l'inciter à être spontané, c'est-à-dire à répondre sur-le-champ, sans période de réflexion. On lui demande de dire spontanément ce qu'il ferait. On l'oblige à faire appel à des ressources nouvelles. Cependant, il faut bien faire attention de ne pas le menacer à travers cet exercice car, lui qui aime la discussion et la planification, il se sentira probablement quelque peu coincé.

Une autre piste est de demander à ce participant *analyste* de se situer en fonction de ce qu'il ressent. On l'oblige ici aussi à faire appel à des ressources nouvelles. Mais, comme dans le cas précédent, il pourra se sentir coincé. Il faut lui montrer qu'on s'intéresse à sa contribution. Il s'agit de lui faire comprendre que l'on a, paradoxalement à ses yeux, besoin de savoir non pas ce qu'il en pense mais ce qu'il ressent face à tel ou tel événement ou décision.

On atteint aussi directement ce personnage en portant attention à ses silences. C'est là qu'il est le plus vulnérable et le plus près de son monde intérieur. Lui montrer de l'attention dans ces moments, plutôt que lorsqu'il explique et rationalise, le décontenance et l'oblige, encore, à faire appel à des ressources nouvelles.

Pour établir le contact avec ce personnage, on peut utiliser les pauses et les rencontres informelles. On peut alors utiliser un sujet personnel mais pas trop émotif de la vie de ce participant, tel que les vacances, les enfants, les loisirs. Bref, d'abord le faire parler de lui sans trop le menacer avec des sujets trop directement émotifs comme ses sympathies ou antipathies personnelles. Il s'agit de l'apprivoiser tranquillement. Dans tous les cas, il s'agit de lui montrer de l'attention à lui, non pas à ce qu'il dit.

Le participant sur le mode *analyste* apprécie qu'on l'interroge, qu'on lui demande son avis. Il aime qu'on lui demande conseil sur des décisions que le groupe devrait prendre, il aime contribuer à la formulation des objectifs et stimuler les autres dans une réflexion. Il aime aussi qu'on lui soit reconnaissant de partager son opinion. Il est sensible à toute appréciation positive de ses contributions intellectuelles au groupe, cela augmente son impression d'utilité et son sentiment d'appartenance. Il s'agit donc, pour s'en faire un allié, de le questionner, d'avoir recours à son expertise. Par ailleurs, on ne doit pas oublier qu'il apprécie tout autant que d'autres prennent l'initiative et le leadership dans l'action. Il apprécie alors qu'on intervienne à sa place. Il aime que l'on traduise ses réflexions en action.

CHAPITRE 6

Le mode *strict* : entre la rigidité et le chaos

Le participant qui interagit sur le mode *strict* a plutôt tendance à être *réactif*. Il attend et observe avant de se manifester. Lorsqu'il intervient, ses interactions avec les autres membres du groupe se caractérisent par une certaine rigidité dans l'application des règles et politiques du groupe. Il craint le désordre et veut être impartial et juste. Il est donc pointilleux et s'en tient à la lettre des «règles».

Pour mieux cerner le personnage, disons qu'il peut parfois être qualifié, selon le moment ou le contexte, de légaliste, de structuré, de conservateur, d'ordonné, de rigide, de systématique, de conforme, de méthodique, de rigoureux. En bref, ce mode d'interaction correspond plus ou moins directement à l'image que l'on peut se faire d'une attitude un peu judiciaire en groupe. Il est le gardien de la loi et de l'ordre au sein du groupe. Le participant surveille, fait des remontrances et essaie de faire de la prévention en tâchant d'instaurer quelques règles simples de fonctionnement. Il s'appuie toujours sur le bon droit et la raison.

Ses convictions

Le groupe : *une cour d'école*

La conviction de base du participant qui intervient sur le mode *strict* est que tout groupe doit se donner, et respecter, des règles et des procédures. Pour ce participant, un groupe, s'il veut survivre, doit se structurer. L'important, à ses yeux, n'est pas de discuter et d'échanger durant des heures sur le vécu du participant ou sur des objectifs communs ou pas. L'important est plutôt de s'entendre sur une façon de faire. Ainsi, pour lui, la bonne marche d'un groupe ne repose pas tant sur la bonne volonté ou la communauté d'objectifs que sur l'acceptation d'une structure commune de fonctionnement.

Le mode d'interaction *strict* n'est ni stratégique ni spontané. C'est un mode d'interaction fait de techniques et de savoir-faire. Le participant qui intervient sur ce mode n'a pas d'enjeu personnel par rapport aux objectifs ou à la mission du groupe. Par contre, il ne croit pas qu'un groupe puisse fonctionner simplement sur la base de la bonne volonté de tous et chacun. Pour lui, cette croyance relève d'une naïveté outrancière.

Le participant sur le mode *strict* a tendance à croire que, laissé à lui-même, un groupe ne peut que glisser vers l'anarchie et le désordre où chacun agit selon son bon plaisir, où la seule limite imposée à chacun serait en fait déterminée par la capacité d'affirmation et l'agressivité relative du voisin. Ainsi, pour travailler, il faut que la récréation finisse. Il faut rentrer dans l'ordre. Il faut s'organiser et que chacun prenne sa place. À la limite, même pour jouer d'une façon un tant soit peu collective, on doit aussi s'organiser et se donner des règles claires, explicites et communes.

D'autre part, aux yeux du participant *strict*, la personne qui contrôle les règles du jeu contrôle le jeu. Ce participant n'est cependant pas nécessairement en compétition avec ceux ou celles qui proposent des règles. Pour lui, il n'est pas très important que ce soit lui qui les propose ni non plus que telle règle soit adoptée plutôt que telle autre. Ce qui lui importe, c'est que des règles soient proposées, acceptées et appliquées.

Pour ce personnage, c'est la justice même qui exige des règles formelles, claires et explicites. Pour lui, l'équité dans la distribution du travail entre les membres d'un groupe dépend d'une stricte application de ces règles. Ne pas les appliquer uniformément, c'est être injuste envers ceux qui les suivent. Pour lui, l'équité passe par une application uniforme des règles. La justice doit d'être aveugle. C'est encore pour cette raison — justice envers tous — que les explications d'ordre émotif ou contextuel avancées pour justifier une dérogation aux règles et procédures établies sont irrecevables aux yeux du *strict.* Aussi, il n'est pas particulièrement sensible au «vécu» des membres de l'équipe. Il croit que tout le monde doit faire la même somme de travail. De prime abord, il ne tient pas compte des différentes ressources et des motivations de chacun. Sa justice est quantitative plus que qualitative. Ce qui se mesure de façon claire et précise offre à ses yeux une plus grande garantie de justice.

Son rêve serait d'afficher les règles. Il rêve de les savoir publiquement connues et à la vue de tous. Il aimerait, chaque fois que se présente un problème, pouvoir se référer à un tel document accepté de tous. Il aimerait formaliser toutes les règles en un règlement prévoyant même les sanctions en cas de dérogation. Il croit qu'avec un tel règlement, connu et accepté, la plupart des conflits et tensions seraient évités.

Ses émotions

Une constante : *prends pas ça personnel!*

Le participant qui intervient sur le mode *strict* est peu expressif sur le plan émotionnel. Ce n'est pas qu'il ne ressente rien, bien au contraire. Cependant, selon lui, ce qu'il ressent ne se rapporte pas directement à sa personne ni aux autres personnes prises une à une. Toutes ses énergies vont plutôt vers le groupe. Lorsqu'il porte attention au vécu des personnes, il le fait d'une manière formelle sortie tout droit d'un manuel de ce qu'il faut faire et ne pas faire en groupe. Les besoins spécifiques de chacun passent après les règles apprises. À moins bien sûr qu'il ait appris qu'il faut écouter les besoins de chacun. Alors il s'en fera un devoir.

Ainsi, il n'est généralement pas à l'aise pour intervenir face au climat émotif qui règne dans le groupe. D'emblée, il oublie les dimensions personnelles de la participation à un groupe. Quant à lui, il lui suffirait d'agir selon les règles pour être satisfait. S'il prend le risque d'intervenir au niveau du climat, il le fera selon ce qu'il aura lu dans des livres ou appris dans des cours. Le plus souvent, ses interactions se limiteront à quelques interventions de clarification et de reformulation. Chacune de ses interventions sera ponctuée en son for intérieur d'un souhait de reprendre le travail «normalement».

Ses principales réactions émotives se rapportent plutôt au respect de l'horaire, aux façons de faire, aux décisions, etc. Il se sent agacé si on ne suit pas les décisions prises. Il se sent responsable de la discipline. Il peut même réagir très fortement face à un individu qui changerait souvent d'idée sur la façon de faire. Un individu qui ne se sentirait pas lié par les décisions auxquelles il participe pourrait, par exemple, le mettre hors de lui et provoquer une explosion très émotive.

À l'opposé, il peut demeurer insensible au ton de voix autoritaire ou explosif de tel ou tel autre participant. Ce qui est personnel n'est pas d'emblée dans son champ de conscience. Selon lui, on peut et devrait appliquer les règles sans que les gens se sentent personnellement visés. Par ailleurs, les interventions de tous et chacun ne devraient jamais viser les autres personnellement. Aussi, il serait bien embêté de dire ce qu'il ressent pour tel ou tel participant. Il n'est pas attentif à ce type de réactions de sa part ni non plus aux réactions des autres à son égard. Pour lui, tout ce champ du senti ne devrait pas avoir d'influence.

Ainsi, s'il est vrai qu'il est ordinairement plutôt crispé et tendu, ce n'est pas qu'il soit préoccupé de sa place dans le groupe mais plutôt qu'il s'inquiète du bon fonctionnement du groupe en général. Il est préoccupé par le respect de l'horaire, les tours de parole, l'à-propos de telle ou telle intervention compte tenu du point à l'ordre du jour, etc. Il a peur du désordre tant au niveau de la tâche que des relations entre les personnes.

Plus encore, il n'est pas inquiet du fonctionnement réel du groupe ici et maintenant en fonction d'indices qu'il aurait pu percevoir dans les échanges entre les participants. Non, il est plutôt inquiet du groupe parce qu'il le compare à ce qu'il perçoit comme un fonctionnement idéal ou théorique. Ainsi, pour lui, le fait d'entendre les participants affirmer que tout va bien ne le rassure que très partiellement. Il doit juger de lui-même de ce supposé bon fonctionnement en rapport avec ses connaissances.

Autrement dit, le participant sur le mode *strict* ne préfère ni ne déteste le travail de groupe. Bien organisé, le travail en groupe peut à ses yeux être aussi riche et agréable, sinon plus, que le travail à deux ou seul. Ce qu'il déteste, ce n'est pas le travail en équipe, c'est le travail dans le fouillis et le désordre ainsi que les remises en question continuelles qui s'ensuivent. Tout est affaire d'ordre et de méthode.

Ses contributions

En réunion : *les règles sont sacrées*

Le participant qui intervient sur le mode *strict* structure le travail en groupe. Il propose des procédures et fait respecter celles qui sont en place. Il cherche à organiser le déroulement des réunions. Ses efforts visent à mettre de l'ordre et à éviter que l'anarchie s'installe. Les normes du groupe deviennent pour lui comme des balises indiquant la voie à suivre. Il cherchera à rendre explicites les normes restées floues ou inconscientes chez plusieurs membres du groupe. Par exemple, lors d'absences ou de retards, il fera en sorte que la politique à suivre soit claire.

Son attention est essentiellement concentrée sur les aspects fonctionnels du travail en groupe. Il n'intervient que très peu sur les orientations générales ou sur le fond des questions discutées. Il est plus préoccupé du «comment» que du «quoi». Il interviendra surtout sur la forme du débat, sur la manière de faire. Pour lui, le respect des procédures devrait automatiquement entraîner l'accord entre les membres. Aussi, ses interventions se limitent souvent à s'assurer que les décisions sont prises selon les règles. Le contenu d'une proposition ou d'un échange ne l'intéressera que dans la mesure où il faut se préoccuper de ne pas déroger à une décision déjà prise. Il est soucieux de la cohérence de la démarche adoptée par le groupe. Il se préoccupe tant de la régie interne que du suivi des décisions. Il incarne en quelque sorte le «surmoi méthodologique» du groupe.

Par souci de justice, le participant sur le mode *strict* cherche à répartir le travail uniformément entre tous. Il rappelle le travail à faire lorsque l'occasion s'en présente, par exemple, avant de terminer la réunion. Il surveille la procédure concernant le vote et la prise de décisions. Il tente de passer la parole à ceux qui se sont moins exprimés. Il tente de faire en sorte que tous aient l'occasion de faire valoir leur point de vue. Ce souci de justice s'appuie moins sur un intérêt réel pour les autres que sur des principes : dans une bonne équipe, tous doivent avoir la chance de s'exprimer; dans une bonne équipe, il doit régulièrement y avoir des tours de table; dans une bonne équipe, on doit s'assurer de recueillir toutes les opinions avant d'en discuter, etc. En fait, avec ce mode d'interaction, le participant est plus attentif aux droits des personnes qu'aux personnes elles-mêmes.

Son objectif concernant le groupe est un travail bien fait. Il veut être fier du travail accompli par le groupe. Pour rien au monde il ne voudrait qu'on puisse critiquer la manière de faire du groupe. On pourrait ne pas être d'accord sur le fond, cela ne l'incommoderait que superficiellement. Toutefois, il ne pourrait supporter que le travail du groupe soit critiqué sur la forme. Il prendrait ces critiques pour une évaluation personnelle ou, à tout le moins, il se sentirait responsable puisque lui-même juge et évalue les autres à partir de leur capacité à faire les choses correctement, c'est-à-dire avec ordre et méthode.

En règle générale, il déteste improviser. Pour ce personnage, l'improvisation ne conduit nulle part. Ne pas utiliser une procédure claire et connue de tous serait dangereux et risquerait d'être inéquitable. Il craint le désordre et perçoit la spontanéité comme des manifestations de désordre. Pour lui, désordre et anarchie ne font qu'un et ne peuvent qu'être source d'un trouble certain pour le groupe. Sans guides et sans repères clairs et tangibles, il perd ses moyens.

Ainsi, face à un problème nouveau ou à une situation étrange, le participant *strict* cherche à éviter tout changement spontané ou improvisé. Pour que ce participant accepte un changement, toutes les conséquences devraient être contrôlables : issue, impact, etc. En fait, face à une situation incertaine, il préfère le statu quo. Il évite de créer des précédents. Il regarde plutôt en arrière. Il veut s'appuyer sur une tradition. Il cherche dans le passé du groupe ou dans d'autres groupes. Il cherche à identifier ce qui a déjà été fait ou décidé dans des situations similaires.

Selon ce personnage, les gens peuvent être divisés en deux classes : les structurés et les non-structurés. Les «bons» étant évidemment du côté des gens structurés. Alors, toute remarque l'associant plus ou moins directement à la classe des non-structurés est quasiment perçue comme une insulte ou, à tout le moins, comme une évaluation négative.

En conséquence, son ambition pour lui-même est d'éviter ces diverses sources de désagréments et d'anxiété. Aussi, il a l'ambition de toujours être capable de situer le groupe par rapport à sa démarche. Il souhaite toujours savoir où le groupe en est. Selon lui, il doit toujours savoir s'il est bien ou mal de procéder ou de décider de telle ou telle manière. De plus, il aime dire aux autres ce qu'il attend d'eux, d'autant plus qu'il considère ses demandes comme légitimes. Il apprécie particulièrement les gens qui suivent les directives et ce, indépendamment de leur opinion sur le contenu ou la manière d'être dans le groupe. Par contre, il a tendance à être en conflit avec les gens qui ne suivent pas les directives ou, pire encore, qui disent qu'ils n'ont pas besoin de directives. Pour lui, ces personnes représentent une menace à la bonne marche du groupe. Le participant indiscipliné représente à ses yeux une calamité de groupe. Il supporte plus volontiers une personne agressive ou timide, une personne émotive ou froide, mais le manque de discipline lui apparaît insupportable et une source de perte de temps.

Par ailleurs, le participant sur le mode *strict* ne s'attend pas à nouer de nouvelles relations ou à produire un travail extraordinaire à partir d'un travail de groupe. Il s'attend à ce que cela soit fait comme il se doit. Chacun doit faire sa part. L'important est que la ou les réunions aient lieu aux heures et aux endroits prévus, que tout ait été mis en place. Bref, que le plan se déroule comme prévu.

En contrepartie de ses faibles attentes au niveau interpersonnel, il ne cherche pas à être le centre d'attention des autres. Il ne désire ni être remarqué, ni être oublié. Il se préoccupe peu de sa place dans le groupe. L'attention des autres n'est pas pour lui un enjeu véritablement important. Il sait qu'il pourra intervenir s'il en ressent le besoin, il a assez confiance en lui-même. Ce qui lui importe, c'est que le groupe fonctionne adéquatement. Aussi, même s'il ne cherche pas à être le centre d'attention, il n'hésitera pas à le devenir si la situation l'y oblige. Il n'hésitera pas à capter l'attention des autres en mettant sur la table certains sujets délicats ou qui pourraient être source de tensions (des entorses ou des dérogations aux règles établies, par exemple) s'il croit que le bon fonctionnement du groupe en dépend. En d'autres moments, ce personnage est plutôt discret, sinon effacé. Il ne s'impose vraiment que lorsque la bonne marche du groupe lui semble menacée.

L'univers de ce personnage est ainsi essentiellement centré sur les règles et leur respect. L'ordre prime sur la bonne entente. Même l'atteinte des objectifs du groupe est parfois assujettie au respect de la procédure. Par exemple, il peut affirmer : «C'est comme ça qu'il faut faire. Si on y arrive, tant mieux, sinon tant pis ; vaut mieux ne pas le faire que de ne pas *bien* le faire. » Et bien sûr, « *bien* le faire » équivaut à le faire selon les façons de faire habituellement reconnues et appliquées. Il agit selon « les règles de l'art ».

En situation de conflits : *un gant de fer*

Face aux conflits, le participant qui intervient sur le mode *strict* propose la vertu des règles neutres. Il pense à instaurer et à faire accepter de nouvelles règles. Pour lui, les conflits reposent sur une mauvaise application de la procédure ou encore sur un mauvais choix de règles : mauvaise répartition du temps de parole, iniquité dans la distribution des tâches, vote pris trop tôt, etc. Contre toutes les inégalités qui pourraient être à la source de conflits, le participant sur le mode *strict* propose plus de méthode.

Par contre, même s'il veut que tous parlent et s'expriment de façon équitable dans le respect de la procédure, il accepte qu'il y ait des forts et des faibles, des gagnants et des perdants, en autant que tous aient la chance de gagner. Aussi, dès qu'il croit que tous ont eu une chance comparable de faire valoir leur opinion, il ne tient compte que des propositions clairement exprimées. La résistance passive ou les commentaires indirects et les insinuations n'ont que peu de valeur à ses yeux.

Disons, d'une façon imagée, que le participant *strict* « pousse en dessous du tapis » toutes les frustrations et les divers indices d'insatisfactions qui peuvent être émis par les autres membres du groupe. Il y « pousse » particulièrement les insatisfactions découlant des problèmes de relations interpersonnelles. Il ne voit pas les problèmes s'accumuler tant et aussi longtemps que les règles peuvent être respectées et continuent de l'être.

Ce que ce mode révèle : *trop ou pas assez*

Les interventions répétées du participant sur le mode *strict* signalent généralement un surplus d'énergie. Ce sont des signes auxquels on peut généralement se fier. Lorsque ce participant se sent obligé d'intervenir, c'est que, à ses yeux du moins, le groupe risque le désordre et l'anarchie. En fait, c'est probablement parce qu'il y a plusieurs personnes qui cherchent à s'exprimer, souvent en même temps, que le groupe manifeste de telles propensions au désordre. Comme plusieurs personnes sont donc attirées par la tâche ou par le plaisir d'être ensemble. Une grande quantité d'énergie est alors disponible au groupe. Les interventions du participant *strict* sont alors habituellement pertinentes et appropriées. En effet, dans de telles circonstances, les craintes et les anticipations négatives du participant sur le mode *strict* apparaissent réalistes. Un groupe où la majorité des membres sont excités risque effectivement un certain désordre à plus ou moins brève échéance.

Par contre, il peut arriver, exceptionnellement, que les comportements de ce personnage indiquent, au contraire, un manque d'énergie dans le groupe causé par un conflit interpersonnel latent. Il cherche par ses propositions de tours de table, de votes ou autres à susciter ou à contrôler les échanges entre les membres. Malheureusement, dans de tels cas où le groupe se présente comme plutôt apathique ou très discret dans ses échanges, l'imposition de structures formelles n'aide que rarement et accentue plutôt la frustration.

Dans d'autres rôles : *un préfet*

Un patron, un coordonnateur ou un employé qui intervient sur le mode *strict* exerce la plupart du temps une influence déterminante sur le fonctionnement des rencontres. Par contre, il ne cherche que rarement à influencer les grandes orientations du groupe. D'autre part, il ne faut pas compter sur lui pour transformer les réunions en rencontres sociales. Il ne se prend pas pour un expert et il n'est pas là non plus pour se trouver des amis.

Au sein d'un organisme ou d'une entreprise, il tend à utiliser toutes les subtilités du règlement. Pour lui, personne n'a rien à redire. Personne n'a le droit de critiquer si le fonctionnement est en accord avec les règles explicites. Il se sent le droit d'utiliser tant les oublis que les erreurs dans la procédure ou les politiques officielles : « S'ils ne voulaient pas que ça se fasse ainsi, ils n'avaient qu'à mieux réglementer. »

En position d'autorité, il a tendance à jouer son rôle de façon autocratique et directive. Il surveille le temps, les mandats, les délais, l'ordre du jour. Il est plutôt pointilleux. Il entre souvent en conflit avec les subalternes qui ne respectent pas les règlements. Il fait volontiers des remontrances. Il n'y a cependant rien là de réellement méchant ou de mal intentionné. Non, c'est simplement qu'il se croit dans son bon droit d'agir ainsi, que c'est même son devoir en tant que responsable reconnu.

En cas de litige important, il en réfère à l'autorité au-dessus de lui. Dans tous les cas, il s'en tiendra à ce qui est prévu et ce qui doit être fait. Ses subalternes peuvent alors être amenés à croire qu'il est plus «du bord d'en haut» que de leur côté, qu'il représente plus la partie patronale que les employés. Ils le voient comme une courroie de transmission.

Sous une direction sur le mode *strict,* les personnes se sentent à l'aise de s'en remettre à leurs fonctions officielles et de s'en tenir à leur rôle. Ces gens savent qu'ils seront bien évalués s'ils font bien et strictement ce qu'on leur a dit de faire. Une personne qui dirige selon le mode *strict* sait offrir un cadre sécurisant à ses subalternes pour l'exercice de leurs fonctions.

Comme coordonnateur d'équipe, ce personnage est d'emblée directif quant à la procédure et affiche plutôt une attitude de laisser-aller quant au le contenu. Il joue le rôle de l'animateur qui se limite à la procédure. Il organise les réunions et il en assure le bon déroulement, mais là s'arrête son rôle.

Son malaise par rapport aux aspects émotifs des relations interpersonnelles entre les membres le rend aveugle et inadéquat en certaines circonstances. Ainsi, par exemple, il ne pourra que difficilement empêcher qu'une opposition entre deux personnes dégénère en conflit de personnalité et il sera probablement le dernier à se rendre compte que certaines personnes sont brimées par ses règles.

Sur le fond, les gens sont portés à l'oublier. Tout le monde finit par ne le considérer que comme un agent de circulation au service du groupe. Les véritables enjeux sont perçus comme se jouant entre les autres membres du groupe. Il est exclu des débats importants.

En tant qu'employé, il est plutôt docile. Il est généralement d'accord avec les décisions de l'autorité. Il représente, sous plusieurs aspects, l'employé modèle. Il suit les règles. Il ne remet pas en question l'ordre établi. Par contre, il ne fournit pas de contribution spéciale ou originale. Ce n'est pas sur lui qu'on devra compter pour renouveler une fonction ou rafraîchir un poste. On le croit parfois préoccupé de son image à l'extérieur du groupe, c'est-à-dire que ses collègues peuvent être portés à croire que son allégeance au groupe est plus faible que cette préoccupation. On ne se fie pas sur lui pour défendre les intérêts d'employés fautifs. Toutefois, si à ses yeux les supérieurs n'ont pas respecté les ententes, alors il devient pour ses collègues un allié énergique et précieux.

Ses nœuds

Une image : *équitable et borné*

Le participant sur le mode *strict* est souvent perçu par les autres comme une personne relativement rigide. Sa conformité aux règles, sa sévérité, sinon son inflexibilité, agacent à la longue. Il est ordinairement perçu comme un personnage qui se contrôle très bien et qui veut même contrôler les autres.

On lui reproche aussi de ne pas faire connaître ses propres préférences, ce que lui juge souhaitable et non pas ce qu'il croit qu'il serait préférable de faire d'après tel auteur ou compte tenu de telle décision passée. Il donne l'impression de se cacher derrière les règles qu'il tente de faire appliquer. Certains vont même jusqu'à se demander s'il n'utilise pas les règles pour éviter des problèmes ou régler des conflits personnels. Il peut apparaître si strict que son attitude semble parfois revancharde, surtout lorsqu'une personne en particulier, plutôt que le groupe dans son ensemble, a transgressé une règle.

Il est par contre des occasions où l'on apprécie son aspect strict et discipliné. Il est décrit comme un participant consciencieux et méticuleux. Évidemment, il est particulièrement apprécié pour faire respecter les règles du groupe. L'ensemble des membres se repose sur sa propension à structurer et à appliquer les règles. On lui fait confiance pour son sens de la justice. Il est sécurisant.

Ainsi, on peut supposer être en présence d'un participant sur le mode *strict* lorsqu'on se sent fréquemment agacé par un acharnement particulier sur la procédure. On reste sur notre appétit lorsque vient le temps de passer au contenu. On a l'impression que les échanges avec lui restent bloqués sur un plan formel. On a tendance à se sentir contrôlé.

Un point fort : *la ligne droite*

Le principal point fort du participant sur le mode d'interaction *strict* est évidemment sa méthode et sa structure dans le travail. Il sait presque toujours évaluer ce qui est correct et acceptable eu égard à la procédure habituelle. Toutefois, il peut lui arriver de se croire rigoureux alors qu'il peut n'être que rigide. De même, il confond parfois règles et structures. Il se croit structuré parce qu'il suit les règles et il juge d'autres membres non structurés alors qu'ils ne sont peut-être qu'originaux dans leurs approches par rapport à ce qui est normalement accepté.

Par ailleurs, sa principale faiblesse est que l'implicite le laisse désarmé. Il n'y a pas là de règles claires ni de politiques établies. Il ne sait pas sur quel pied danser. Il ne perçoit que difficilement, sinon pas du tout, les règles cachées. De plus, il n'est pas porté à établir des relations de sympathie avec les autres membres du groupe. C'est à cause et par le biais du travail qu'il sait et peut échanger.

Par contre, cette relative insensibilité aux choses non dites lui donne une grande ressource. En effet, en plus d'être discipliné et consciencieux, le participant sur le mode *strict* peut fonctionner assez bien et sur de longues périodes durant les moments troubles et tendus justement parce qu'il est moins affecté par le climat.

L'adoption de ce mode d'interaction ou l'établissement d'une solide alliance avec un participant *strict* peuvent être très efficaces lorsque l'application stricte des règles et politiques est avantageuse pour le groupe. Ou encore, ce mode d'interaction peut s'avérer particulièrement pertinent dans des groupes où l'expertise est valorisée. Celui qui adopte ce mode se présente alors en quelque sorte comme l'expert en procédure, celui qui sait comment faire pour bien faire fonctionner les réunions. De plus, ce mode permet à celui ou celle qui l'emploie d'anticiper et d'éviter des ennuis qui résulteraient d'un certain flou dans l'organisation du travail et des échanges.

Un risque important de ce mode d'interaction est de perdre contact avec les enjeux importants dans le groupe, comme de ne pas voir les intérêts qui s'affrontent, de perdre de vue la mission à long terme du groupe, ou encore de ne pas pressentir les affrontements entre les personnes ou les clans du groupe. De plus, à force d'introduire et de suivre des règles explicites et établies à l'avance, le climat risque de devenir laborieux; trop de médicaments peut empoisonner le patient. À force de s'organiser, il est possible qu'on n'ait plus le temps de faire quoi que ce soit ni de se parler vraiment.

Un piège : *la marmite à pression*

L'acharnement du participant sur le mode *strict* à suivre et à expliciter les règles peut paradoxalement avoir pour effet d'entraîner les autres participants vers certaines formes de délinquance involontaire. D'autres personnes plus soucieuses de l'esprit que de la lettre pourront, par exemple, ne pas suivre les règles. Devant la menace de chaos que représentent leurs comportements, il tentera de faire respecter les règles en place avec encore plus de fermeté, ce qui entraînera d'autres comportements de délinquance encore plus marqués.

De plus, sa rigidité face à l'application des règles réduit les possibilités de changements au sein du groupe. Sa rigidité lui évite d'être confronté à un succès qui ne serait pas tributaire du statu quo, c'est-à-dire de sa manière de travailler en groupe. En effet, tant et aussi longtemps que le groupe continue à fonctionner à sa manière très organisée, cela lui confirme que c'est bien ainsi et que c'est comme ça que le groupe doit fonctionner et continuer à fonctionner pour produire et arriver à ses fins.

Par ailleurs, lorsque la situation ou les échanges l'amènent à ressentir une certaine forme d'agressivité, c'est, encore, à travers une application rigide des règles en place qu'il exprime cette agressivité. S'il est personnellement attaqué, il se justifie d'appliquer avec rigueur les règles en disant qu'il est une personne très structurée, que ce n'est pas de sa faute, qu'il est fait comme ça! Il peut difficilement s'empêcher d'exprimer ainsi ses agacements et autres mouvements agressifs. Il s'agit là d'un outil privilégié pour ce personnage. Cependant, cette agressive application des règles provoque à son tour de l'agressivité chez les autres membres et alimente alors une roue sans fin.

Une clé : *le pragmatisme*

Le participant qui intervient sur le mode *strict* est en mesure de découvrir d'autres façons de faire et d'autres rationnels d'intervention lorsqu'il perçoit la lourdeur d'une ou des règles qu'il tente de respecter ou de faire respecter. Il se rend compte que les objectifs peuvent être atteints sans recours clair à la loi et à l'ordre et qu'à travers une apparente anarchie le travail peut quand même très bien s'accomplir. Il est alors en situation de changement. Il est à ce moment confronté aux limites de son mode d'interaction et de ses préoccupations.

Il faut une bonne dose de pragmatisme pour ramener ce personnage sur terre. Pour le ramener aux besoins réels du groupe en ce qui concerne la procédure et les politiques, il doit être confronté à l'utilité concrète de ses propositions et de ses méthodes de travail. On peut, par exemple, lui poser ces questions : est-ce bien nécessaire, y a-t-il un problème, quel problème, qu'est-ce que cela donnera de différent, quelle est la pertinence de telle ou telle règle, que gagnera-t-on à changer de méthode, comme il le propose, par rapport à ce qui se fait actuellement dans le groupe ?

Il ne s'agit aucunement toutefois d'affronter la personne comme telle mais plutôt de tenter de demeurer le plus simple et le plus concret possible en explorant avec elle les répercussions pratiques, pour elle et les autres, des méthodes de travail suggérées. Autrement dit, il faut faire l'analyse des gains et des pertes réelles, ici et maintenant, pour les personnes en cause et éluder toutes considérations théoriques idéales, ce qui ramènerait la discussion sur son terrain privilégié.

Par ailleurs, tout ce qui aide à clarifier et à établir des façons de travailler ensemble stimule le participant sur le mode *strict* et tout ce qui est dans les règles le sécurise. Aussi, pour s'en faire un allié intéressant, on a avantage à lui présenter la situation et nos attentes de façon claire et précise en lui demandant d'organiser le contenu.

CHAPITRE 7

Le mode *sceptique* : entre la suspicion et le non-dit

Le participant sur le mode *sceptique* a tendance à être *réactif* au sens où il réagit aux échanges plutôt qu'il n'en prend l'initiative. Il observe d'abord et réagit ensuite. Attention, il ne s'agit pas d'un mode d'interaction passif. Le participant sur le mode *sceptique* peut être très présent lors d'un débat. Seulement, il est rare qu'il ait lui-même lancé ce débat.

Pour mieux cerner le personnage, disons qu'il peut être qualifié, selon le moment ou le contexte, de sceptique, de lucide, d'incrédule, de prudent, de pessimiste, d'indicateur, de soupçonneux, de clairvoyant, de défiant, de résistant, de révélateur. En bref, ce mode d'interaction correspond plus ou moins directement à l'image que l'on pourrait se faire du «critique», appliquée à un groupe. Il souligne les failles. Il voit d'autres possibilités qui lui apparaissent meilleures que ce qui a été fait et décidé par le groupe. Il compare et cherche à prendre le contre-pied de tout enthousiasme ou emballement trop brusque.

Ses convictions

Le groupe : *une arène et une illusion*

La conviction de base du participant sur le mode *sceptique* est que tout groupe n'est que l'expression des intérêts individuels. Pour lui, le groupe représente une aire de jeux et de tiraillements où chacun fait son petit numéro en espérant duper, voire manipuler les autres. Le groupe est un lieu qui lui permet de se confirmer que les véritables enjeux sont toujours cachés. En fait, pour ce personnage, la source et l'aboutissement des phénomènes de groupe observables sont le monde intérieur de chacun avec ses besoins et ses rancunes. Il ne croit pas que quelqu'un puisse faire quelque chose pour ou à cause du groupe sans y trouver son intérêt personnel. Aussi, il lui importe de bien identifier ces intérêts personnels souvent non dits. Précisons qu'il ne s'agit pas tant pour lui d'un intérêt commun que de la juxtaposition de divers intérêts. Tous resteront ensemble tant et aussi longtemps que leurs propres intérêts seront comblés et ce, sans que ces intérêts soient nécessairement les mêmes ou communs.

À la limite, pour le participant qui intervient sur le mode *sceptique*, un groupe, ça n'existe pas à proprement parler. Il ne voit que des individus rassemblés. Il n'y a que des individus cherchant à tirer profit de la situation ou à sauver la face, sinon leur peau. Pour lui, ce qui tient les membres d'un groupe ensemble (ou les éloigne), c'est strictement le profit personnel, conscient ou non, que chacun en retire. Il personnalise toutes les interventions. Chacun est entièrement responsable de ses actions dans le groupe. Pour lui, les concepts de collectifs, d'inconscient, de solidarité, d'appartenance, ou tout autre du même acabit, restent intangibles et leur puissance explicative demeure toujours plus faible que la simple appréciation des enjeux et des intérêts personnels en cause. Les phénomènes collectifs correspondent, à ses yeux, à l'addition des tiraillements individuels.

Ce personnage ne croit pas à la transparence des autres. Il y a toujours une face à l'ombre. Les gens ont toujours des intérêts cachés. Aussi, personne ne mérite d'emblée sa confiance. Il faut prouver qu'on la mérite. De prime abord, tout le monde peut être croche, malhonnête, exploiteur et égoïste. Sont particulièrement suspectes toutes les personnes ayant un pouvoir quelconque au sein du groupe. À ses yeux, celui qui sait répondre aux besoins individuels des membres a le contrôle du groupe, et peut donc le manipuler. Aussi, il lui faut toujours être aux aguets. Chacun doit veiller à ses propres intérêts car si on ne le fait pas soi-même, personne d'autre ne le fera.

Pourtant, malgré ses convictions, le participant sur le mode *sceptique* ne rêve que d'un monde d'honnêteté où tout ne serait que vérité. Il rêve de relations interpersonnelles où les gens se diraient les «vraies affaires». Il rêve de participer à un groupe où les personnes se diraient directement et clairement tous les éléments émotifs ou autres qui restent non dits dans les groupes «ordinaires». Rappelons qu'il est un être très sensible au non-dit et aux sous-entendus qui alimentent les échanges en groupe. Le plus souvent, il reste «pris» avec toutes ses émotions sans véritablement pouvoir partager ou vérifier ses impressions.

Malgré ses désirs de partage, le principal rêve de ce personnage est de prendre sur le fait les hypocrites et les menteurs. Il souhaiterait pouvoir les prendre la main dans le sac. Son ressentiment et son rêve d'honnêteté alimentent ce désir de montrer tout le monde sous son vrai jour. Cependant, ce désir n'est pas nécessairement accompagné d'un besoin de dénonciation publique. Au contraire, une fois qu'il aura attrapé un fautif, il ne saura souvent pas quoi faire. En fait, son rêve «policier» est plutôt alimenté par son besoin de voir confirmer ou infirmer toutes les impressions qui l'assaillent. Saisir quelqu'un en pleine contradiction ou en train de mentir lui est un réconfort. Il voit ainsi confirmer les doutes qu'il entretenait à partir d'une multitude de petits indices difficiles à rassembler.

Lui-même, malgré ses rêves d'honnêteté et de relations claires et directes, procédera généralement de façon indirecte pour obtenir ce qu'il veut. Il croit que cela est préférable même si ce n'est pas ce qu'il souhaite. Tout le monde ayant ses zones secrètes et ses sous-entendus, il ne voit pas pourquoi lui devrait faire autrement et risquer d'être vulnérable au milieu de tous ses doubles jeux. Bref, le participant qui intervient sur le mode *sceptique* est un personnage qui voudrait éviter le secret et les sous-entendus dans ses relations mais qui ne sait pas comment le faire sans risquer de perdre la face. Ainsi, il est amené à valoriser la franchise mais à pratiquer le secret.

En fait, il y a pour lui quelque chose de magique et d'insaisissable dans le bon fonctionnement d'un groupe et dans la bonne entente entre les membres d'un groupe, mais ce quelque chose demeure toujours circonstanciel. Le travail en groupe est soumis aux aléas de la vie; parfois c'est correct, la plupart du temps c'est moins bien que cela aurait pu l'être. Au-delà des intérêts personnels, la bonne marche d'un groupe ne repose sur rien de concret, c'est-à-dire sur rien qui puisse offrir une prise quelconque. Les efforts d'animation et autres fonctions d'entretien apprises dans les livres ou les cours de formation et qui visent à provoquer et à maintenir la bonne marche du groupe ne représentent à ses yeux que des gestes puérils et inutiles, une perte de temps et d'énergie, un jeu d'illusion. Pour ce personnage, si un groupe a à être productif et stimulant, il le sera. Peu importe les efforts qui seront ou ne seront pas déployés. De même, si le groupe a à être apathique et ennuyant, il le sera quels que soient les efforts de chacun. Cette magie, cette chimie, qui marie ou sépare les membres malgré leurs convergences ou divergences d'intérêts, repose avant tout sur quelque chose qui se situe hors de la volonté ou même hors de la conscience de chacun.

Ses émotions

Une constante : *le plaisir du cynique ou la désespérance*

Le participant qui interagit sur le mode *sceptique* est plutôt secret. Il est habité par la peur de se faire avoir, c'est-à-dire la peur de perdre la face et d'être exploité. Il n'est jamais naïf. Il se méfie. Il a peur de la trahison chez les autres. Il a peur de ne pas lui-même être à la hauteur. Très sceptique par rapport aux propos des autres, il n'est pas certain de l'image que les autres se font de lui. Il doute autant de sa propre image qu'il doute de celle des autres. Il doute de ses capacités. Il se méfie de ses propres intentions. Il n'est pas certain d'être à l'abri de ses propres critiques. En groupe, son doute sur lui-même et sa méfiance envers les autres l'envahissent. Aussi, il préfère généralement s'abstenir. Il se retient d'agir. Il reste dans l'ombre.

Face à une difficulté en groupe, le participant sur le mode *sceptique* a tendance à s'isoler. Pessimiste, il ne croit pas que les choses s'amélioreront. Il devient maussade et grognon. Il se tourne vers des relations plus intimes du groupe et délaisse les interactions à plusieurs. Il cherche un réconfort. La tâche devient plus que jamais à ses yeux une affaire d'intérêts individuels.

Pour prendre les devants, il a besoin qu'on lui dise que notre perception de lui est supérieure à ce qu'il croit qu'elle est. Bien que cela semble paradoxal pour un personnage *sceptique*, il a besoin qu'on lui fasse confiance. Plus encore, qu'on lui démontre notre confiance d'une façon telle qu'il ne puisse pas en douter. Ce n'est que lorsqu'il est vraiment rassuré et qu'il a pleinement confiance qu'il peut se confier et même prendre des initiatives. Toutefois, s'il a un grand besoin de l'appui des autres, il ne le recherche pas de façon active. Il peut même préférer être délaissé car cela lui permet de continuer à être critique sans risque. Seul, en dehors de la mêlée, il risque moins de se faire avoir.

Ainsi, même s'il n'aime pas particulièrement participer à un travail en groupe, même si souvent le travail en groupe l'irrite et le distrait, le participant sur le mode *sceptique* ne fuit pas les groupes. Du moins lorsqu'il peut s'organiser pour garder une certaine distance face aux luttes d'intérêts reliées aux décisions et aux principaux enjeux.

Par contre, le participant sur le mode *sceptique* est aussi un personnage content de lui, content de son réalisme, de sa lucidité et de son indépendance d'esprit. Il est fier de sa lucidité lorsqu'il se compare à ces gens qu'il voit se conter des histoires à eux-mêmes. Il se distingue de ces personnes capables de se faire accroire des scénarios qui ne correspondent pas à la réalité, pour faire semblant, pour sauver la face, alors que personne n'est dupe — par exemple, telle personne qui tente de justifier un changement d'opinion par un prétexte rationnel quelconque alors qu'en fait il servira les intérêts de son sous-groupe.

Ses contributions

En réunion : *un empêcheur de tourner en rond*

Le participant sur le mode *sceptique* doute, se méfie, présume et évalue. Il doute des consensus trop rapides. Il doute de tout ce qui est pris pour acquis par les membres des groupes auxquels il participe. Il se méfie des bonnes intentions des participants. Il cherche le dessous des choses. Il cherche les motivations, présume des intentions et anticipe les conséquences. Il enregistre ce qui se fait autant que ce qui se dit. Il est sensible au contexte. Il examine le détail des échanges. Il regarde les faits et gestes de tous et chacun. Il observe leur déroulement, leur fréquence. Il ne s'arrête pas aux aspects visibles des réactions. Il jauge la qualité des échanges. Il évalue les personnes, les situations, les contextes, etc. Il établit des liens et des relations entre tous ces divers éléments. Par contre, il garde ses distances face aux évaluations hâtives des autres. Il cherche les défauts, les erreurs, les éléments oubliés par les autres. Il se méfie autant de leur enthousiasme que de leurs critiques. Il cherche à voir l'envers de la médaille.

Son mode d'interaction est sobre. Il est plutôt réflexif. Il n'observe cependant pas de manière passive. Il est actif dans son observation. Il surveille. Il a à l'œil tous les jeux de coulisse qu'il peut déceler. Il voit et peut faire voir, pour peu que l'on se donne la peine de le faire parler et de l'écouter, les pièges qui se dressent devant les membres du groupe.

Son attitude est individualiste. Il recherche un minimum d'engagement avec les autres. L'intérêt du groupe reste, pour ce personnage, quelque chose d'abstrait. Il aime conserver un certain recul par rapport à l'action. Il hésite à s'engager. En fait, il préfère conserver une certaine distance tant au niveau de la tâche que des relations interpersonnelles. Il ne veut pas être identifié à une cause ou à un clan. Il se tient à l'écart de l'agitation. De toute façon tous ces échanges ne répondent, selon lui, qu'aux intérêts individuels des membres.

Les jeux et enjeux entre les parties retiennent particulièrement l'attention du participant sur le mode *sceptique*. Il est attentif aux pôles d'intérêts distincts entre les sous-groupes ou entre les personnes. En fait, ce qui retient spontanément son attention, ce sont toutes les interactions reliées aux «jeux» d'intérêts et de pouvoirs entre les parties. Pourtant, il abhorre toutes ces confrontations larvées qu'il considère stériles et puériles. Malgré toute son irritation, il ne peut s'empêcher d'y être sensible jusqu'à en être souvent obnubilé et ne plus voir les autres aspects pourtant aussi évidents, sinon plus, des échanges entre les membres.

Pour mieux comprendre les rapports entre les membres et le déroulement des réunions, le participant sur le mode *sceptique* écoute toutes les confidences qu'on veut bien lui faire. Il porte attention aux conversations de corridors et aux enchaînements d'événements. Bref, à tous les éléments contextuels qu'il peut rassembler. Pour lui, l'essentiel des enjeux ne peut être saisi à partir du seul discours officiel des parties.

Par ailleurs, il ne cherche pas à utiliser l'information qu'il recueille autrement que pour ses propres besoins de compréhension et d'évaluation de ce qui se passe dans le groupe. Il ne cherche pas à s'en servir pour proposer quelque chose de nouveau à tout prix. Il aurait peur de trahir. Plus précisément, il aurait peur de dévoiler alors indirectement des informations qu'il a reçues et qui pourraient s'avérer confidentielles. D'une part, il ne veut pas perdre la confiance de ses informateurs et, d'autre part, il n'est pas sûr de bien distinguer entre ce qu'il aurait le droit d'utiliser sur la place publique et ce qu'il ne doit pas divulguer. Aussi, dans le doute, il préférera plutôt ne se servir des informations qu'il recueille que pour évaluer ou émettre des doutes sur la qualité des décisions prises. À défaut de trahir, il juge ou critique; il se sent plus à l'aise psychologiquement en adoptant cette ligne de conduite.

Ainsi, le participant qui intervient sur le mode *sceptique* ne prend habituellement que peu d'initiatives, sauf pour exprimer son mécontentement et ses critiques. Il guette et surveille, puis il cherche une oreille attentive à ses plaintes et récriminations personnelles. Il ne dévoile pas spontanément ses réflexions. Tout au plus, il les livrera en aparté à un ou deux membres. En groupe, lorsqu'il croit percevoir un conflit d'intérêts ou une tentative de manipulation, il ne sait souvent pas quoi faire d'autre que critiquer ou se plaindre. Il résiste passivement, puis se soumet généralement aux normes et aux décisions du groupe, mais il le fait en maugréant. Il n'ose généralement pas dénoncer publiquement. Il se confiera plus volontiers à une personne qui répond à ses propres intérêts. Il résiste de façon passive plutôt que de proposer quelque chose de nouveau ou de personnel. Il cherche à ralentir le processus jusqu'à ce que les éléments cachés qu'il croit percevoir dans les interactions apparaissent au grand jour. Il n'essaie pas de faire changer la décision. Il croit que cela ne servirait à rien ou serait trop désagréable parce qu'il devrait s'engager. En surface, il semble alors très paisible et rationnel, mais en même temps il réussit à faire sentir aux autres une agressivité très contenue.

Pour lui, quelqu'un qui exerce délibérément un leadership sur un groupe ne peut, malgré la bonne foi dont il pourrait faire preuve, que manipuler les membres du groupe en fonction de ses intérêts individuels. À ses yeux, personne ne peut savoir pour d'autres ce qui est bon pour eux. Aussi, ce que les autres perçoivent parfois chez lui comme de la résistance n'est en fait, de son point de vue, que la manifestation de son respect de la liberté de chacun. Son but est que personne n'ait le pouvoir, que personne ne contrôle quoi que ce soit dans le groupe.

Le participant sur le mode *sceptique* n'aime généralement pas être sur la sellette. Il ne croit pas qu'il faille attirer l'attention sur ses projets. Au contraire, pour lui la réussite se construit d'abord dans l'ombre. Il n'est même pas nécessaire qu'elle éclate au grand jour. Il n'est donc pas pressé de passer à l'action. L'important est d'être satisfait par rapport à ses objectifs personnels que de toute façon on garde pour soi. Cependant, il ne déteste pas non plus la compagnie des autres. Ce n'est pas un ermite ni un misanthrope. Il recherche même les discussions et les échanges.

Lorsqu'il intervient, le participant sur le mode *sceptique* cherche le ton et les mots justes en fonction de la situation. Ce n'est pas qu'il cherche à séduire, comme le ferait un participant sur le mode *convaincant,* mais plutôt qu'il veut éviter toute mauvaise évaluation à son égard. Cependant, de prime abord c'est plutôt lui qui évaluera les autres. Il les jaugera sinon les jugera avant même qu'ils n'aient eu le temps de se faire une idée de lui. Toutefois, malgré cette évaluation précoce des autres, il demeure très sensible à leur jugement sur lui.

Par ailleurs, le participant qui intervient sur le mode *sceptique* est un personnage qui ne craint pas d'être différent des autres. Pour lui, l'appartenance à un groupe est de toute façon quelque chose de profondément illusoire. Il ne cherchera toutefois pas à se différencier activement des autres. Les autres membres du groupe ne sont pas pour lui une référence, ni en bien ni en mal.

En groupe, le contrôle de soi est donc pour lui une réalité qui va de soi. Il se contrôle comme il respire, cela lui semble inévitable. Il ne voit pas comment cela pourrait en être autrement. Pour lui, tout le monde se contrôle. À la limite, il se méfiera des gens qui prétendent ne pas se contrôler ou toujours chercher la spontanéité. Pour lui, ces gens sont naïfs et peuvent facilement être manipulés par d'autres car ils changent d'opinion selon le contexte ou leurs intérêts personnels. Ainsi, lui-même garde une réserve face aux tentatives, ouvertes ou non, d'influence. Il rejette tout signe d'alliance non cohérente.

Par ailleurs, son adhésion à une idée ou à un projet ne s'appuie que rarement sur des bases strictement rationnelles. Elle repose plutôt sur sa confiance personnelle et émotive en la personne qui propose l'idée. Pourtant, lorsqu'il présente une idée, le participant qui intervient sur le mode *sceptique* s'appuie sur un discours rationnel plutôt que sur ses alliances personnelles. Ainsi, il rejette une idée sous prétexte d'incohérence, mais en accepte volontiers une autre, pourtant tout aussi incohérente, si elle est proposée par une des rares personnes en qui il a confiance.

Ce paradoxe entre sa confiance en la personne lorsqu'il écoute et son appui sur une argumentation rationnelle lorsqu'il est le proposeur s'explique par la méfiance du personnage. Il se méfie des projets qui lui sont présentés. Ils peuvent cacher les intérêts personnels des proposeurs. En fait, aussi bien intentionnées et nobles que soient les intentions de ses interlocuteurs, ce personnage a toujours énormément de difficulté à faire confiance et, encore plus, à manifester ouvertement le peu de confiance qu'il ressent. Cependant, une fois la confiance établie, personne ne pourra l'ébranler. Ainsi, s'il fait déjà confiance aux personnes, il acceptera plus volontiers d'examiner leur projet. À l'opposé, lorsque vient le temps de faire une proposition, il ne peut s'appuyer sur ses relations de confiance car elles sont trop peu nombreuses. Il se veut honnête et au-dessus de toutes formes de grenouillage. Aussi, il a plutôt recours à une vaste panoplie d'arguments rationnels.

En situation de conflits : *un savon qui glisse entre les doigts*

Face aux conflits, le participant qui intervient sur le mode *sceptique* n'y voit que des conflits d'intérêts. Il n'a plus d'attention pour quoi que ce soit d'autre. Toute son énergie disponible est consacrée à la recherche et à l'identification des divers enjeux. Il ne reste rien pour les relations affectives, les objectifs ou la procédure. Pour lui, toute solution, si elle existe, devrait représenter une réponse aux intérêts conflictuels en cause.

Malheureusement pour les groupes auxquels il participe et malgré tous les efforts qu'il déploie pour mieux comprendre les conflits, le participant sur le mode *sceptique* cherche peu à contribuer à leur solution. Il cherche plutôt à rester à l'écart. Il demeure spectateur et silencieux. Il se sent très peu concerné. Il enregistre. Il comprend très bien les aspects «humains» et «personnels» du conflit mais il les juge inévitables.

Face à la contestation de ses propres interventions, ce personnage est plus préoccupé de bien identifier les enjeux de cette contestation que de réagir de façon à continuer à défendre ses positions. Il cherche à identifier le pourquoi de cette opposition. Ainsi, plutôt que de chercher de nouveaux arguments pour défendre son point de vue ou contrer celui des opposants, il cherche plutôt à dénoncer, sinon dénigrer, les intérêts poursuivis par ses adversaires du moment. En cas d'échec de cette première stratégie de dénigrement, il renie ses propres interventions et prétend qu'il a été mal interprété. Il évite ainsi tout conflit qui le coincerait et l'obligerait à dévoiler ses intérêts.

Ce que ce mode révèle : *il n'y a pas de fumée sans feu*

Les comportements du participant sur le mode *sceptique* indiquent le chemin de la prudence. Souvent critiques et négatifs, ses comportements montrent que tout n'est pas nécessairement très clair dans les relations entre les membres du groupe. Ils suggèrent l'existence d'une possibilité de collusion entre certains membres. Ses comportements indiquent la présence d'un certain danger pour le groupe.

Ses interventions doivent être écoutées et décortiquées de façon à démêler le réel du fictif. Le vieil adage qui dit qu'il n'y a pas de fumée sans feu s'applique très bien à la contribution de ce personnage, mais il ne faudrait pas croire que la maison brûle chaque fois que quelqu'un frotte une allumette. En effet, à force de surveiller, le participant *sceptique* a tendance à se confirmer ses soupçons. Il recherche et enregistre tous les petits indices qui confirment ses soupçons mais néglige, par moment, ceux qui les infirment.

Par effet d'entraînement, la fréquentation de ce personnage incite à devenir soi-même sceptique. Son scepticisme chronique et ses fréquentes critiques, de même que son retrait relatif conjugué à ses confidences partielles lors d'apartés ou en dehors des réunions, finissent par instaurer un certain climat de méfiance dans les équipes de travail auxquelles il participe. Les gens se lassent de l'entendre continuellement chialer sur tout et rien. À la longue, ils sont fortement tentés de l'isoler et de ne plus l'écouter. Tant et si bien que son absence est parfois perçue comme un bienfait. Ainsi, selon les enjeux et les alliances en place, soit on souhaite son absence aux réunions, soit on espère sa présence pour qu'il mette au jour les stratégies cachées.

Souvent, certains clans voudront l'utiliser, lui et ses ressources, contre d'autres clans. Sa dynamique le portant sur la confidence intime plutôt que sur la dénonciation publique, il est particulièrement vulnérable à ce genre de manipulation. Quiconque l'interroge en privé, dans un climat de confiance, en saura plus que tous ceux qui se limitent à écouter ses interventions durant les réunions.

Dans d'autres rôles : *un examinateur*

Évidemment le participant sur le mode *sceptique* ne cherche pas d'emblée à occuper une position centrale dans les groupes. Son influence au sein des groupes se fait sentir lentement. Il doit attendre que la réalité confirme certaines de ses hypothèses avant que sa «cote» remonte au sein du groupe.

Toutefois, s'il est amené à exercer un rôle central d'autorité ou de coordination, il exerce alors une influence particulière sur les aspects stratégiques des décisions du groupe. Il exerce son leadership surtout sur l'identification des besoins et des intérêts des membres ou des «ennemis» du groupe.

Lorsqu'il exerce une fonction d'autorité, ce personnage est peu porté à consulter les autres. Il préfère plutôt s'en remettre à sa propre compréhension tant de son mandat que des situations auxquelles il est confronté. Laissé à lui-même, il évite les réunions de groupe autant qu'il le peut. Il préfère les rencontres à deux ou trois, plus faciles à gérer et à maîtriser. Il cherche à contrôler le contexte des échanges entre lui et les autres, qu'ils soient subalternes ou non. Les décisions doivent passer par lui. Quiconque essaie d'éviter ce circuit est suspect à ses yeux; il en va de même pour toute décision prise sans son consentement.

De prime abord pour ce personnage, les autres, subalternes ou non, n'ont jamais raison. Ils doivent prouver, démontrer et surtout mériter sa confiance. Par contre, il ne fait rien de particulier pour mériter la leur. Il oublie de souligner le bon côté des employés. Il lui arrive même, dans des contextes informels, de parler négativement de certains à d'autres. En fait, dans ces rencontres informelles, il tente d'aller chercher les intérêts cachés de chacun et de jouer ces intérêts les uns contre les autres pour en savoir encore davantage. Il surveille ceux et celles qui voudraient éventuellement prendre sa place.

De plus, il stimule la compétition entre les subalternes en n'uniformisant pas l'information qu'il diffuse parmi ses employés lors de ces rencontres informelles. De même, il dit ouvertement qu'il n'a rien à cacher. Il joue au *M. Net* tout en suggérant que ce ne soit nécessairement pas le cas pour d'autres...

Le participant sur le mode *sceptique* préférerait ne jamais être responsable de la coordination des équipes auxquelles il est rattaché. En fait, il croit que, idéalement, ni lui ni personne d'autre ne devrait être responsable. Il y a trop de risque de manipuler ou d'être manipulé par les intérêts en place.

Toutefois, malgré ses propres craintes et hésitations, un intervenant *sceptique* peut exceller dans le rôle de responsable ou d'animateur. Il sait lire et évaluer les intérêts de chacun face à l'objectif officiel du groupe. Aussi, sa méfiance face à la diversité de ces intérêts individuels et son souci d'honnêteté le portent à définir et à clarifier explicitement cet objectif officiel. Une fois qu'il aura été défini, il s'y attachera du mieux qu'il peut afin d'éviter d'être emporté par les courants et remous de la course au pouvoir.

Le personnage est plus complexe à saisir en position subalterne. Il critique les décisions mais semble quand même respecter la hiérarchie. Ses supérieurs immédiats ont tort de prime abord. Il rouspète mais se soumet toujours. Il donne ainsi l'impression aux autres qu'il est du côté des patrons, qu'il ne fait qu'attendre son tour. On le croit tout autant capable de court-circuiter la hiérarchie (c'est-à-dire d'aller se rapporter directement au supérieur de son supérieur) que de démissionner n'importe quand. On ne sait pas vraiment s'il cherche les promotions ou s'il se rebellera.

Il représente pourtant, tant pour les patrons que pour les autres employés, une excellente source d'information sur les stratégies possibles des divers clans. En le questionnant lors de rencontres informelles, on peut l'amener à livrer ses perceptions et ses suppositions quant aux résistances et motivations de chacun.

Ses nœuds

Une image : *le pessimiste réaliste*

Le participant sur le mode *sceptique* projette généralement, dans les groupes auxquels il participe, une image assez négative. À force de manquer de confiance en ses partenaires, à force de surveiller tous les membres du groupe, il risque le rejet. En effet, on finit par croire qu'il n'est intéressé qu'à ce qu'il critique, particulièrement les jeux de pouvoir. On finit par se sentir personnellement visé par ses propos. On finit par ne plus vouloir l'influencer ni tenter d'influencer les autres en sa présence de peur d'être perçu comme manipulateur. On lui reproche de susciter chez nous ce qu'il craint que nous fassions. À force d'être surveillés, les gens finissent par vouloir éviter cette surveillance, ce qui suscite chez lui encore plus de méfiance.

Pourtant, on apprécie chez lui sa lucidité, son réalisme et sa capacité de bien identifier les enjeux réels. Cependant, même si on admet qu'il a souvent un peu raison, on lui reproche d'organiser la réalité de façon à ne soulever que les problèmes. On le trouve lucide mais plutôt négatif. De plus, sa crédibilité est ironiquement minée par son propre manque de transparence. On lui reproche de ne pas savoir ce qu'il veut, d'être instable et décevant. On ne sait jamais vraiment à quel camp il appartient. Son ralliement n'est jamais ni sûr ni certain. On ne sait pas de quel côté de la clôture il loge.

Aussi, on peut supposer être en présence d'un participant sur le mode *sceptique* lorsque sa fréquentation nous amène à nous inquiéter de ses jugements non dits. Les bribes d'informations qu'il communique nous laissent dans le doute; il n'y en a jamais assez pour être certain des avancées du personnage, mais il y en a toujours trop pour continuer à faire comme si de rien n'était. On est porté à constamment s'interroger sur des sous-entendus, des mises en relation contextuelles et d'autres éléments implicites de nos relation avec les autres membres des équipes.

Un point fort : *les deux pieds sur terre*

Le principal point fort du mode d'interaction *sceptique* est qu'il permet de voir des choses qui échappent aux naïfs. Le participant intervenant sur ce mode est perspicace et clairvoyant. Il sait décoder les jeux de pouvoir. Il perçoit les intérêts cachés et le contexte politique des interactions au sein du groupe.

Le participant qui intervient sur le mode *sceptique* est capable de ramener les gens sur terre lorsque ceux-ci décollent un peu trop ou se mettent trop à rêver en couleur. Il reste branché sur la réalité. Ses périodes d'euphorie sont rares et ne sont pas toujours très perceptibles lorsqu'elles ont lieu. Il est capable de confronter les gens aux obstacles réels. Il peut très bien être un empêcheur de tourner en rond, un dénonciateur des collusions et accords factices qui façonnent, selon lui, les rencontres de groupe. Il saurait dénoncer les règles cachées, mais pour ce faire, il a besoin qu'on l'interroge, qu'on le questionne. Pour le faire publiquement, il doit s'y sentir contraint ou encore être dans un rare climat de confiance. Rappelons que, de lui-même, il n'a pas tendance à partager publiquement ses hypothèses quant aux enjeux.

Intervenir en groupe sur le mode *sceptique* exige à la fois de la retenue et une certaine agressivité. Il ne faut jamais dire oui d'emblée. Il s'agit de se conserver un temps de réponse et d'analyse. Il faut se retenir d'intervenir tout en laissant cours à une certaine agressivité intérieure. Il faut être capable d'avancer quelque chose sur les intentions et motivations intérieures des autres sans qu'ils en aient directement parlé. Il faut savoir faire des suppositions à partir du non-dit et, de préférence, des suppositions justes. Il s'agit de s'efforcer de déceler l'intention personnelle derrière telle ou telle intervention. Il s'agit de ne pas s'arrêter strictement au contenu des échanges. Par exemple, on se demandera, avant de réagir : «Quelle réponse cette personne attend-elle de moi, ou de tel autre membre du groupe? Désire-t-elle un “oui”, un “non”, ou son objectif est-il de laisser entendre aux autres qu'elle sait quelque chose ou qu'elle veut les mettre en garde?» À la limite, il s'agit de mettre en doute d'abord et de croire ensuite.

De plus, il faut tâcher de contrer les principaux effets secondaires non désirés que provoque ce mode d'interaction : la méfiance qu'il peut susciter à notre égard et un possible rejet par des éléments parmi les plus actifs du groupe. Pour contrer ces effets secondaires, on tentera de manifester un peu de confiance envers les autres. On prendra position en premier sur certains sujets ou on manifestera par moment un appui sans réserve à quelques projets sans danger, ou on utilisera n'importe quel autre procédé permettant aux autres de croire qu'on ne se méfie pas d'eux ou qu'on ne cherche pas plus loin que ce qu'ils disent ouvertement. Bref, il faut savoir arrêter de se méfier.

En retour, ce mode d'interaction permet d'anticiper les réactions des autres membres et surtout de se préparer en fonction de plusieurs scénarios possibles. Il réduit les risques d'être pris au dépourvu. Et quand il fonctionne à son meilleur, il permet de répondre aux besoins et aux arguments réels des gens.

Un piège : *les autres, c'est l'enfer*

À force de douter, le participant sur le mode *sceptique* finit par trouver des problèmes. Il est supersensible aux effets négatifs de certaines interventions des autres, ce qui confirme sa perception négative. Face à une situation douteuse ou à une nouvelle personne, il cherche à confirmer une première impression souvent sévère, voire négative. Il soulèvera, ou du moins ne retiendra pour lui-même, que les éléments qui viennent confirmer son premier jugement. Sa méfiance se vérifie ainsi d'elle-même. Il s'agit là de son principal piège puisqu'il justifie ainsi sa stratégie de retrait et de surveillance constante. Le même processus se répète lorsque ses présomptions sont plutôt positives au départ. Ici encore, il cherche à confirmer ses impressions, quitte à ne pas écouter, ou à discréditer, ce qui ne convient pas.

Cette stratégie de confirmation de ses présomptions l'empêche d'apporter une pleine et entière contribution au groupe. Cette stratégie axe sa participation autour du non-dit et des sous-entendus. Elle le confine dans son rôle d'examinateur, sinon dans un rôle d'observateur. Elle l'empêche de communiquer aisément ses idées et ses sentiments, d'être transparent. Aussi, comme il emploie une bonne part de ses énergies à surveiller les agendas cachés de tous et chacun, il perd souvent de vue les objectifs du groupe. À force de surveiller ce qui n'est pas évident, il perd de vue ce qui l'est. Alors, ne percevant plus clairement les objectifs officiels, il est facilement porté à tout interpréter en fonction de ses hypothèses personnelles quant aux enjeux dans le groupe.

Aux yeux des autres, il reste un personnage difficile à cerner. Le secret qui entoure sa propre participation finit par créer chez les autres de la méfiance envers lui. Ainsi, à force de surveiller si étroitement le travail des autres, le sien finit par faire l'objet de la surveillance de tous, et même d'un rejet. Et, pour boucler la boucle, cette surveillance et ce rejet de la part des autres lui donnent raison. Comment aurait-il pu ne pas se méfier de gens qui lui ont fait si peu confiance !

De plus, le participant qui intervient sur le mode *sceptique* peut induire, par ses remarques parfois insidieuses, un sentiment de culpabilité chez les autres membres du groupe. À la moindre allusion de ce personnage, certains cherchent à se défendre. Toutefois, plus ils se défendent, plus ils confirment le bien-fondé de sa méfiance. En conséquence, plusieurs hésitent à réagir à ses propos. Il provoque ainsi des réactions contradictoires et incohérentes qu'il interprète comme un manque de fiabilité et qui confirment, à leur tour, sa perception que les gens ne sont pas fiables.

À la longue, ses interventions pessimistes et ses jugements sur les initiatives des autres minent la confiance des membres du groupe envers leurs propres décisions. Ce qui, encore, ne fait que lui donner raison de s'être méfié. Comment aurait-il pu leur faire confiance alors qu'ils ne se font même pas confiance eux-mêmes !

Une clé : *la confiance*

Le participant qui intervient sur le mode *sceptique* constitue un excellent allié qui sait présumer des forces et des stratégies de l'adversaire. Il faut cependant le questionner et vouloir utiliser ses ressources plutôt que de tenter de le changer ou encore de s'en méfier et de chercher à l'isoler. Vouloir le changer ou tenter de l'isoler ne ferait qu'accentuer sa méfiance. En fait, une bonne façon de favoriser sa contribution au groupe est de lui souligner qu'on lui fait confiance quant à sa capacité de bien évaluer les situations et leurs répercussions possibles. Lui faire bien comprendre que non seulement on l'accepte ainsi, mais qu'on l'apprécie. Il s'agit en somme de lui déléguer un rôle d'éminence grise.

En fait, le participant sur le mode *sceptique* est naturellement obligé d'innover par rapport à son mode habituel de participation lorsqu'il doit déléguer et faire confiance. Cependant, il ne s'attend pas à ce que les autres se fient sur lui. Il est aussi désemparé, sinon encore plus, lorsqu'on lui manifeste une confiance totale. À la limite, il pourra trouver cela relativement louche. Selon lui, on ne peut pas s'en remettre à d'autres sans risquer de se faire manipuler.

En conséquence, pour briser le cycle d'autoconfirmation du comportement de ce personnage, la constance, la transparence et l'honnêteté ainsi que la confiance sont des outils plus qu'utiles. N'oublions pas que ce personnage a une sensibilité particulièrement aiguë au mensonge. Il n'est surtout pas dupe. Aussi, la franchise et la transparence deviennent non seulement des atouts mais des conditions nécessaires à l'établissement d'une relation significative avec ce personnage.

CHAPITRE 8

Le mode *discret* : entre le chez-soi et le rejet

Le participant qui interagit sur le mode *discret* a fortement tendance à être *réactif*. Il réagit plus qu'il ne prend l'initiative. Ses interventions sont réservées. Son attitude est attentiste. Il attend de voir comment les choses se présentent. Puis, si nécessaire, il répond. Plutôt en retrait, il n'aime pas être au centre d'un débat. Aussi, il attend habituellement que les principales positions soient connues. Il préfère se prononcer après que les principaux protagonistes se sont clairement exprimés.

Pour mieux cerner le personnage, disons qu'il peut parfois être qualifié de réservé, de timide, de respectueux, de craintif, de modeste, de gêné, d'humble, de circonspect, de faible, de vulnérable, de modéré, de mou, de tempéré, d'embarrassé, etc. En bref, ce mode d'interaction correspond plus ou moins directement à l'image que l'on se fait du silencieux dans un groupe. Discret, poli, quelque peu en retrait, à l'allure un peu timide, il attend l'occasion propice avant d'intervenir. Il ne cherche ni à provoquer cette occasion ni à faire «sa place» à tout prix. Il veut simplement être accepté et pouvoir contribuer à la mesure de ses moyens.

Ses convictions

Le groupe : *une loterie*

La conviction de base du participant sur le mode *discret* est que le succès de tout groupe repose sur l'acceptation des différences de chacun. Il croit que c'est le bien-être de chacun qui entraîne le bon fonctionnement du groupe et l'atteinte des objectifs, plutôt que l'inverse. Les gens ne se sentent pas bien parce que le travail va bien, mais le travail va bien parce les gens se sentent bien. Pour le participant sur le mode *discret,* tout groupe qui ne peut garantir un minimum d'acceptation face aux différences entre ses membres est irrémédiablement voué à l'échec.

Malheureusement, à ses yeux, rares sont les groupes qui peuvent garantir ce minimum de respect de chacun. Pour lui, le travail en groupe représente de prime abord plus de pertes que de gains; pertes de temps et d'énergie. D'ailleurs, plus il y a de gens dans le groupe, moins il aime ça. C'est d'abord par devoir qu'il assiste aux réunions de l'ensemble du groupe. Il ne déteste pas nécessairement le travail en grand groupe, mais il manifeste clairement une préférence pour les petits sous-groupes de deux ou trois personnes.

Le participant sur le mode *discret* préfère et recherche le calme et la sécurité de la relation à deux ou à trois. Ce genre de travail lui semble généralement plus profitable que le travail en grand groupe. Il permet un partage, un échange et une complicité que le travail en grand groupe ne permet pas. Il s'y sent plus à l'aise et plus facilement valorisé. Il y exprime plus aisément son opinion. L'écoute et l'attention qu'il reçoit lui apparaissent plus riches, plus authentiques. Il s'attache aux autres. Il pense avec raison qu'une personne avec qui il aura réussi à se lier sera plus encline à réagir positivement à son égard.

Son appréciation du travail en groupe dépend des gens que le hasard a réunis. Si les rencontres se déroulent bien, c'est qu'il est chanceux; il est avec des gens gentils. Si les rencontres se déroulent mal, c'est qu'il est malchanceux; il est avec des gens agressifs qui ne respectent pas les autres.

Par ailleurs plutôt naïf, le participant sur le mode *discret* espère que la bonne volonté arrangera tout. Pour lui, il n'y a que des bons participants, il s'agit de savoir comment prendre les gens et de savoir choisir ses mots. Parfois, il suffit même de vouloir pour que les choses s'arrangent d'elles-mêmes. Par contre, si un conflit perdure, si la tâche n'avance pas, c'est que chacun n'y met pas assez du sien. Si tout le monde s'y mettait, tout irait mieux.

Il croit en l'authenticité. Ainsi, il se pose peu de questions d'ordre stratégique. Il ne se préoccupe pas de la signification que peut représenter le fait que ce soit telle personne plutôt que telle autre qui ait émis telle ou telle proposition. Pour lui, cela relève du hasard ou de l'enchaînement des propositions. Vouloir planifier ses interventions dans le groupe relèverait presque de la tricherie.

Le grand rêve du participant qui interagit sur le mode *discret* est que tout le monde s'accepte, que tous les méchants disparaissent. Il rêve d'un groupe où les gens seraient toujours polis et compréhensifs les uns envers les autres. Il rêve d'une bonne entente continuelle et magique, sans effort. Il désire que le groupe forme éventuellement un tout, une «famille». Idéalement, il souhaiterait établir des relations privilégiées avec certaines personnes du groupe.

Néanmoins, malgré ce grand rêve, il a parfois l'impression que les bons paient pour les autres, que ceux qui font bien leur travail paient pour ceux qui ne le font pas. Il a l'impression qu'il peut parfois se faire avoir. Il est tiraillé entre ses convictions et il reste seul avec son malaise. D'une part, il est incapable d'être «agressif». Il ne veut pas embêter les autres avec ses histoires. D'autre part, il est porté à croire qu'il est parfois exploité. Pourtant, étant donné qu'il n'aime pas être sur la sellette, il a besoin d'effectuer des tâches discrètes mais nécessaires pour trouver sa place au sein du groupe. Ainsi, pour ne pas risquer d'être rejeté, il accepte le risque de se sentir exploité. De quelque côté qu'il regarde, le travail en groupe est fréquemment pour lui une source de désagréments.

Ses émotions

Une constante : *inquiétude et générosité*

Le participant sur le mode *discret* est inquiet et généreux. Plutôt «fusionnel», il est porté sur l'appartenance, l'entraide, le soutien, etc. Il est particulièrement chaleureux et sensible aux membres des équipes auxquelles il appartient. D'emblée, il accepte les autres mais il a peur de leurs jugements. Il ressent, face aux membres du groupe, un mélange d'intérêt et de peur. Il n'aime pas la confrontation et l'agressivité en général. Il affirme qu'il respecte tout le monde, tout en étant lui-même habité par la peur de ne pas être accepté par les autres. Il n'a alors aucune arrière-pensée stratégique ou tactique. Il est sincère. Il accepte autant et aussi sincèrement les autres qu'il a lui-même peur d'être rejeté. Il les accepte d'avance, espérant en retour être lui-même respecté par eux.

L'univers de ce personnage est essentiellement centré sur le vécu des personnes, le sien d'abord, mais aussi celui des autres, et il est réellement sincère lorsqu'il s'intéresse aux autres. À ses yeux, la qualité des échanges prime sur la tâche ou la procédure. Il lui est même quelque peu difficile de comprendre que quelqu'un puisse privilégier à ce point une tâche qu'il en vienne à se faire quasi volontairement des ennemis. Il ne peut admettre qu'un collègue puisse en heurter un autre délibérément, cela lui fait mal au cœur et le rend mal à l'aise. Il est toujours soucieux du bien-être de tous.

Il a l'intuition de ce que ressentent les autres, particulièrement ceux qui ressentent un malaise au sein du groupe. Il ne veut brusquer personne. Il tient à ce que tous se sentent bien dans le groupe et tentent de communiquer. Il ne calcule pas son temps, du moins lorsqu'il le consacre à aider quelqu'un. Il est aussi généreux de son soutien affectif que de son aide concrète par rapport à la tâche. Il y prend plaisir. Sa générosité donne un sens à sa participation dans le groupe. Il rassure et aime être rassuré.

Le participant sur le mode *discret* déteste être le centre d'attention. Il craint ces moments où quelqu'un l'interpellera pour lui demander son avis devant tout le monde. Il cherche alors à les esquiver et, lorsqu'il est contraint de répondre, il réduit au minimum son temps de réponse.

Ses contributions

En réunion : *l'oreille*

Le participant sur le mode *discret* appuie plus qu'il ne propose. Respectueux, il est à l'écoute des personnes. Il ne parle pas beaucoup mais on le sent présent. Son regard est attentif. À certains moments, il pourrait même sembler presque aux aguets.

Néanmoins, ses interventions se font attendre. Lorsqu'il intervient, ses propos sont prudents; jamais un mot plus haut que l'autre. Il s'efforce de ne pas attirer l'attention sur lui. Il essaie d'être parmi les autres, de ne pas se distinguer.

Sa tactique consiste à attendre et à réagir plus tard. Il écoute les interventions et l'ensemble des échanges. Il est particulièrement sensible aux manifestations d'émotions. Il enregistre les indices para-verbaux (ton, rythme, débit, intensité et amplitude de la voix) et non verbaux (mimiques du visage, postures et mouvements du corps) qui accompagnent généralement les interactions entre les membres. Il est attentif aux signes d'acceptation et de rejet.

Le participant qui interagit sur le mode *discret* veut prendre soin de tous les membres de l'équipe, il les couve. Il veut donner aux autres ce qu'il recherche pour lui-même. Rien ne lui fait plus plaisir que de sentir que les autres membres du groupe l'apprécient, que sa contribution leur apparaît importante. Si plusieurs personnes du groupe lui manifestent leur appréciation de sa contribution, alors il donne son plein rendement. Il cherche à se dépasser.

Aussi, il a tendance à se «coller» sur les personnes influentes ou populaires. Il appuie, soutient dans le groupe celles qui parmi ces personnes populaires semblent bien l'accueillir. Il recherche des signes d'acceptation. Par la suite, il tente de rester dans le sillage de cette ou ces personnes. Une bonne partie de ses préoccupations consiste à identifier les personnes les plus accueillantes et non menaçantes du groupe. Elles constituent, à ses yeux, ses alliés potentiels. À l'opposé, ses ennemis «naturels» sont les personnes qui lui apparaissent comme les plus menaçantes du groupe. Sa recherche d'approbation s'effectue toujours avec un profond souci de sa place dans le groupe, c'est-à-dire de la perception que les autres ont de lui.

Au détriment de sa propre influence au sein du groupe, il n'utilise pas pleinement les situations d'intimité, où il est plus à l'aise, pour améliorer sa position et son image dans le groupe. Il cherche plutôt, ici encore, à utiliser ces situations pour se sécuriser ou sécuriser les autres. Par comparaison à l'ensemble du groupe, le sous-groupe devient pour lui un lieu de soutien et de repos. Il devient son chez-soi, son *home*. Si les circonstances font en sorte qu'il doive travailler en sous-groupe avec une ou des personnes qui lui sont menaçantes, alors il perd tout lieu de repos. L'expérience sera pour lui généralement exténuante. Il a alors tendance à se replier plus encore sur lui-même en attendant que le temps passe.

En groupe, son ambition personnelle est de passer au travers de «l'expérience». S'il peut assister aux réunions sans se faire d'ennemis, sans s'être fait remarquer ni rejeter, alors il est content. Si, par surcroît, il peut se faire entendre sans avoir à subir un trop grand stress, alors il s'agit d'une réussite, d'une belle expérience. Ainsi, lorsque le participant sur le mode *discret* a l'occasion de choisir les personnes avec qui il fera équipe, lors, par exemple, de la formation d'un sous-groupe de travail de deux ou trois personnes, il choisira des personnes avec qui il croit avoir certaines affinités et dont il croit partager les opinions. Il cherche à réduire les risques de confrontation. Il ne lui vient pas à l'idée de profiter de cette occasion pour faire passer ses idées auprès d'autres membres.

Son but est que tous se respectent. Lui-même respecte les différences de chacun et il s'attend à ce que tous en fassent autant. Pour lui, faire cette demande de respect mutuel, c'est peu demander. Il s'agit à ses yeux d'un minimum nécessaire pour assurer la participation de l'ensemble des membres. Il veut que chacun ait droit à la place qui lui revient. Il souhaite que tous s'entendent bien, que la bonne entente règne dans le groupe. Bien sûr tout le monde veut cela mais, dans son cas, il s'agit d'une priorité qui peut affecter sa fidélité envers ses propres convictions. Pour sauver la bonne entente dans le groupe, il acceptera de changer d'idée plus facilement que d'autres.

Malgré la priorité qu'il accorde aux relations entre les personnes sur la production et les méthodes de travail du groupe, le participant qui interagit sur le mode *discret* aime contribuer tant à l'une qu'aux autres. Répétons-le, il n'est pas passif, mais ce n'est pas non plus un instigateur. Il s'agit d'un *réactif*. Aussi, s'il se voit attribuer une tâche précise et bien définie qui s'inscrit dans la démarche du groupe, il prendra plaisir à l'accomplir. Il en retirera même une réelle fierté. De même, il se porte souvent volontaire pour les tâches qui demeurent dans l'ombre. Il fait preuve d'initiative pour ces tâches de soutien qui servent au groupe mais qui ne semblent pas déterminantes ou porteuses de tensions : préparer les documents et les salles, poster les avis, établir les coûts, etc. Il aime particulièrement ces tâches s'il s'y sent apprécié par les autres, et plus particulièrement par les personnes exerçant une certaine influence ou leadership au sein du groupe.

D'autre part, le participant sur le mode *discret* s'adapte aux règles du groupe. Il aime savoir clairement ce que l'on attend de lui de façon à pouvoir s'y ajuster. Il aime intervenir à l'intérieur d'un cadre précis, rassurant et bien défini. Cet assujettissement volontaire aux normes du groupe lui permet de maintenir sa réserve et d'éviter les confrontations. Par ailleurs, pour lui, la procédure doit être au service des individus et non l'inverse. Elle doit aider à faire respecter les différences de chacun et bloquer toute forme de rejet. La procédure ne doit être qu'un instrument pour assurer un minimum d'équité dans le groupe. Autrement, elle ne devient qu'un immense et inutile carcan. Idéalement, à ses yeux, un groupe où règnent la bonne entente et le respect intégral de chacun n'a aucunement besoin d'établir de règles officielles.

En situation de conflits : *le silence est d'or*

Face aux conflits, le participant sur le mode *discret* prône l'acceptation des différences de chacun. Il déteste toute manifestation d'agressivité et abhorre les conflits. Il craint d'y être mêlé et n'aime pas voir d'autres personnes être obligées d'y faire face. Il préfère s'abstenir plutôt que de risquer de déplaire à certaines personnes. Il se sent mal à l'aise s'il ne sait pas à l'avance si les gens vont approuver ou non ses interventions. En conséquence, avec les émotions contradictoires d'attirance et de peur qui l'habitent, il préférera donc attendre que les positions de chacun soient connues avant de s'exprimer. Il ne veut pas risquer que quelqu'un soit rejeté car, un jour, lui-même pourrait être rejeté. En fait, il craint toutes les situations qui pourraient entraîner des tensions ou des conflits.

Lors de conflits, ce personnage reste généralement silencieux. Plus encore ici qu'ailleurs, il n'aime pas devoir se prononcer ou prendre parti. Il attend que les belligérants s'épuisent. Il attend de la sorte moins par stratégie que par peur; peur de rester pris entre l'arbre et l'écorce. Si, en bout de course, il se voit tout de même obligé d'intervenir dans ces situations de tensions et de conflits, il fait face à une alternative : ou il opte pour se cacher parmi les autres, se camoufler, ou il tente de se placer entre les autres, d'arbitrer. Il peut essayer de se camoufler en s'exprimant durant des moments de brouhaha et de confusion. Il profite ainsi de ces moments pour exprimer son accord ou son désaccord en même temps que plusieurs autres. Cette première façon de faire lui procure l'avantage d'une position de repli facile en cas de conflit. Sa voix se confondant alors à celles des autres, il pourra toujours dire qu'il avait mal compris et on ne pourra lui reprocher de ne pas avoir pris position. D'autre part, il peut essayer de jouer l'arbitre en se plaçant entre les personnes en opposition. Il essaie que personne ne perde. Il cherche à éteindre les conflits et les tensions parce qu'il craint d'être indirectement affecté par la colère des autres. S'il doit prendre position, il a beaucoup de difficulté à imaginer d'autres rôles que celui d'arbitre. Il lui apparaît incorrect et surtout risqué de prendre pour l'une ou l'autre des parties en présence. Les perdants pourraient se sentir exclus.

De lui-même, le participant sur le mode *discret* suscite rarement des conflits. Il préfère plus volontiers endurer son malaise que manifester clairement son désaccord. En fait, il n'est habituellement pas porté à exprimer ses réactions et ses opinions personnelles ni à dire comment il se sent face à tel ou tel événement. À la limite, il n'exprime ses sentiments que lorsqu'il se sent mal. Il trouve plus facile de se plaindre que de réclamer. Il ne revendique alors pas clairement. Il souhaite plutôt que quelqu'un veuille bien prendre en considération ses doléances et effectuer les correctifs. Il n'affronte pas. Par aversion de la confrontation, il abandonne ses responsabilités au profit de ceux qui contrôlent le groupe. Il se plaint plutôt dans le corridor auprès de participants qui ne risquent pas de transmettre leurs plaintes au reste du groupe. D'ailleurs, si ses plaintes étaient étalées par d'autres devant les membres du groupe, il interpréterait cela comme un non-respect de son intimité.

Toutefois, si le participant sur le mode *discret* intervient lors d'une situation de conflit, il peut avoir un effet apaisant sur le groupe. Il y introduit des éléments de compréhension et d'acceptation qui détendent le climat et rendent souvent le travail à faire plus plaisant. Sa chaleur est communicative.

Ce que ce mode révèle : *solidarité et solitude*

Le participant sur le mode *discret* est un baromètre du climat. Sa participation est un bon indicateur du niveau de bien-être et de confiance mutuelle dans le groupe. Lorsqu'il se sent bien et participe ouvertement, la solidarité et la cohésion du groupe sont souvent à leur meilleur. À l'opposé, ses longs silences et son lent retrait de même que son trop grand empressement à appuyer une proposition peuvent indiquer l'apparition d'une polarisation des positions et l'émergence de certaines tensions au sein du groupe. Dans un cas comme dans l'autre, il y a danger que deux ou trois membres monopolisent les échanges et que la situation évolue vers la naissance de conflits.

Le participant sur le mode *discret* indique la voie du compromis et le chemin de la solidarité lorsqu'on veut bien lui donner la parole et l'écouter. Mais il ne faut pas croire que le feu est pris chaque fois qu'il se sent mal à l'aise. C'est ici que réside la difficulté : comment distinguer ce qui appartient au mode même de participation du personnage de ce qui appartient à la situation dans laquelle se trouve le groupe? La réponse réside dans l'importance relative de son silence et de son retrait : semble-t-il plus silencieux et retiré qu'à son habitude?

Par ailleurs, dès qu'un consensus apparaît, le participant sur le mode *discret* s'empresse de s'y arrêter. Il ne veut pas prendre le risque que l'entente se dissipe. Ce n'est pas qu'il s'accroche à la décision, c'est plutôt qu'il est prêt «à tourner les coins ronds» si cela peut faire en sorte que le consensus se maintienne et qu'on évite ainsi des conflits. Ce comportement consistant «à tourner les coins ronds» peut cependant susciter certaines insatisfactions qui entraîneront des tensions au sein du groupe, lesquelles tensions confirmeront son malaise à travailler en groupe. En effet, il se dira : «À quoi bon décider quoi que ce soit, si de toute façon cela crée d'autres problèmes et tensions?»

Ainsi, face à un participant *discret* fort empressé, il serait probablement approprié de chercher à ralentir la prise de décision de façon à s'assurer de bien saisir les résistances des autres. Ce ralentissement momentané pourrait éviter bien des remises en question plus tard.

Dans d'autres rôles : *une bonne personne*

Évidemment, le participant sur le mode *discret* n'occupe pas d'emblée la position centrale dans un groupe. Il ne faut toutefois pas croire qu'il est sans influence. Au contraire, son influence peut être déterminante pour la vie du groupe malgré son style plus effacé. Son influence est une influence réactive qui ne se manifeste pas dès les premiers instants de la vie du groupe. Elle ne prend forme que lentement. Une prise de position de sa part peut déterminer la suite du débat car, lorsque les silencieux d'un groupe prennent position, les leaders ont souvent tendance à réduire la longueur de leurs débats.

La zone d'influence du participant qui interagit sur le mode *discret* se situe plus particulièrement au niveau des relations et du climat dans un groupe. Il participe à instaurer et à maintenir une bonne entente. Il tente de faire adopter certaines attitudes ou règles de conduite qui feront en sorte que tous se sentiront respectés.

En position d'autorité, le participant sur le mode *discret* est poli et respectueux de ses employés. Il favorise généralement les initiatives de ses employés. Il affirme et croit apprécier tous ses employés sans distinction de sexe, d'âge, de race ou autre. En contrepartie, il a de la difficulté à réprimander de façon nette et précise ainsi qu'à appliquer des directives impopulaires. Chaque fois que c'est possible, dans les situations qui exigent une confrontation ou des affrontements, il préfère déléguer ses tâches. Il évite autant que possible les situations où il risque d'avoir à exercer sa fonction d'autorité autrement qu'en bon père ou bonne mère de famille. Il ne veut pas prendre le risque de perdre son pouvoir mais ne veut l'exercer que dans les situations où, tout compte fait, il n'aurait pas besoin d'y avoir recours. Comme le roi du *Petit Prince,* il aime bien ordonner aux gens de faire ce que de toute façon ils auraient fait.

Paradoxalement, son attitude polie et retranchée favorise les inégalités entre les employés. Sous son autorité les gens ne se sentent pas rejetés, mais abandonnés et incompétents. Ils se sentent livrés aux luttes intestines. Ils ne se sentent pas véritablement reconnus face aux autres. En étant très réservé et retiré, le *discret* favorise la loi du plus fort. Seuls ceux qui parlent plus forts et plus vite que les autres réussissent alors à se faire entendre. Les employés qui voudraient s'opposer à ces «plus forts et plus vites» n'oseront pas toujours car ils ne sont pas certains d'être soutenus par l'autorité. Ils ont peur que cette autorité se cache ou louvoie tellement qu'ils risquent d'être encore plus perdants qu'en se résignant à suivre ces «plus forts et plus vites».

Comme responsable ou coordonnateur, le participant sur le mode *discret* dirige les réunions de façon relativement effacée. Une de ses forces est sa sensibilité aux relations entre les personnes, au climat émotif du groupe. Il manifeste spontanément des interventions de facilitation des relations entre les personnes. Mais cette sensibilité peut aussi lui jouer des tours. Elle devient une faiblesse lorsqu'il a de la difficulté à s'imposer et à risquer quoi que ce soit qui représente une menace au climat.

Sa peur du rejet le paralysera plus d'une fois et à divers niveaux. Il peut lui être extrêmement difficile de couper la parole à un membre qui s'étire en longueur. Il peut devenir hyperconscient de lui-même lorsqu'il anime une réunion. Il peut en arriver à se voir en train d'observer les autres le regarder diriger la réunion. Il décroche alors complètement de son rôle. Son échec, ici encore, viendra confirmer la basse estime qu'il a de lui-même.

En position de subalterne, il est aussi porté à exprimer ses doutes par rapport à ses compétences. Il cherche à être encouragé, «remonté» par l'autorité. Il lui est particulièrement très agréable d'entendre le patron lui dire : «Bien non, ce n'est pas mauvais, ton travail est très bien, félicitations.» Dans la mesure où le patron représente la plus grande menace de rejet, il ne veut pas de problèmes avec son patron. Il en donnera plus qu'on lui en demande. De plus, en cas de litige, il se rangera généralement du côté de l'autorité. Il cherche à éviter toute évaluation négative.

À cause de cette attitude, il lui arrive d'être perçu par les autres employés comme un chou-chou qui manigance avec l'autorité. Alors que, comme dans d'autres situations, son intention profonde est essentiellement de s'éviter des problèmes et des confrontations. Cependant, là comme ailleurs, sa stratégie excessive lui attire justement des problèmes de rejet.

Ses nœuds

Une image : *le fuyant respectueux*

Généralement très apprécié comme collaborateur, le participant sur le mode *discret* est souvent décrit par les autres membres des équipes dont il fait partie comme un personnage gentil et souple avec qui il est facile de travailler. Les gens le perçoivent généralement comme un tendre, un sensible. On le sent aimable mais peu sûr de lui.

Il n'est pas perçu comme menaçant, ni très important dans la structure du pouvoir, donc il n'y a aucun danger à le contester, ce que les gens n'hésitent pas à faire. En fait, les gens sont plutôt portés à l'oublier. Il ne mobilise l'attention que très rarement et jamais longtemps. Les autres trouvent que ses propos manquent souvent d'intérêt. Il est un peu perçu comme une personne appartenant au camp des «suiveux». On lui reproche d'être trop docile et naïf. On le trouve timide. Il est perçu comme un personnage un peu absent des débats, dont on ne connaît pas l'opinion, la position. On aimerait qu'il s'exprime plus rapidement et plus fermement lors des débats. On craint par ailleurs de le blesser ou d'être trop brusque avec lui en l'interpellant directement. Aussi, souvent, personne n'ose le contredire. Avec le temps, tout le monde se lasse d'aller le chercher et on finit par simplement l'ignorer. Les gens le laissent parler, puis passent à autre chose comme si de rien n'était, ce qui lui confirme qu'il ne mérite pas la même attention que les autres. On le laisse en arrière surtout lorsque les débats s'enveniment ou sont houleux. En effet, à force de s'effacer, à force de politesse et de discrétion, *le discret* fini par être négligé par les autres. On le prend pour acquis. Il suivra. On l'oublie.

De plus, son allégeance n'est pas jugée très fiable. Même s'il se perçoit lui-même comme une personne fiable, sur laquelle on peut compter, les autres ne sont pas toujours confiants qu'il résistera aux pressions qui pourraient s'exercer sur lui. Toutefois, ils supposent qu'ils pourront facilement le récupérer s'il semble changer de camp.

On peut supposer avoir affaire à un participant sur le mode *discret* lorsqu'on a l'impression de ne pas avoir d'opposition, lorsqu'on a la certitude de pouvoir considérer nos idées et réactions comme acceptées d'avance. En présence d'un participant sur le mode *discret* on se sent souvent plus forts et puissants que nous ne le sommes vraiment.

Un point fort : *la balance du pouvoir*

La personne qui interagit sur le mode *discret* peut assez rapidement être amenée à occuper, malgré elle, une position de «balance du pouvoir». En effet, les gens qui parlent beaucoup ont généralement tendance à ne discuter qu'entre eux et à oublier ou à négliger les gens plus silencieux ou réservés. De sorte que si le *discret* prend position une fois que les éléments sont bien en place, il est alors en position de déterminer la proposition qui sera retenue à condition qu'il cherche à se rallier l'ensemble des membres du groupe plutôt que les seuls leaders. De plus, si ce participant sur le mode *discret* accepte de s'exprimer et d'intervenir, il apporte souvent d'excellentes idées pour régler la situation. Il présente ce qui peut être fait ou décidé simplement et de façon réaliste.

La capacité de ce personnage à bien jouer ce rôle d'arbitre est d'ailleurs une de ses grandes forces. Il sait presque continuellement ce qui est acceptable et ce qui l'est moins dans un groupe. Il a une connaissance intuitive des normes, des règles, des interdits et des attentes de l'ensemble des membres du groupe, du moins au niveau des relations interpersonnelles. Il sait anticiper les réactions du groupe face à tel ou tel comportement ou proposition mais il ne pourra que rarement énumérer explicitement les règles et les normes du groupe. Il ne sait pas toujours qu'il sait. Il faut lui poser des questions, le faire parler. Il constitue donc un précieux allié lors de l'élaboration d'une stratégie d'intervention, du moins lorsque l'on sait le faire s'exprimer et l'écouter. L'avoir comme allié permet de faire certains réajustements essentiels aux propositions visant à rejoindre l'ensemble du groupe. Son apport permet de modifier nos interventions et propositions de façon à les rendre acceptables pour l'ensemble des membres.

Les principales faiblesses du participant sur le mode *discret* sont évidemment liées à sa grande difficulté à exprimer ses idées et ses opinions. Il n'ose pas. Il n'ose pas prendre sa place. Il ne se fait pas assez voir et apprécier. Il doute de ses compétences en groupe. Devant une possibilité de conflit, il fuit plus volontiers qu'il n'attaque. Plutôt que de risquer de se faire adresser un reproche ou de faire face à une argumentation serrée, il se taira. Il aime beaucoup mieux se faire les reproches lui-même plutôt que d'en recevoir des autres. Il se blâmera plutôt que de risquer un conflit important. Sa grande peur de ne pas être accepté lui enlève toute confiance en lui et tout goût de risquer une confrontation. De plus, il veut tellement éviter les polarisations qu'à force de vouloir être au milieu, à force de se présenter comme étant entre deux pôles, il peut finir par créer l'impression qu'il y a effectivement deux pôles.

Par contre, interagir en groupe sur le mode *discret* permet à ce personnage, ou à quiconque décide d'employer une telle stratégie, d'économiser ses forces. Ce mode d'interaction procure du temps pour se faire une idée de tous et chacun. À moins de rechercher un effet de surprise, il permet en effet d'attendre le moment opportun avant d'entrer en scène. De plus, interagir sur le mode *discret* est très approprié si notre idée n'est pas faite ou si nous ne connaissons que très peu les gens en place. Comme il est plus difficile aux gens d'accorder leur appui à quelqu'un qui leur a déplu, qui les a heurtés ou blessés qu'aux autres membres du groupe, ce mode doux projette dès le début une image non négative de la personne qui l'utilise. Il permet ainsi de préserver ses alliances potentielles et assure une base émotive et relationnelle à notre crédibilité.

Par conséquent, ce mode d'interaction constitue une bonne stratégie lorsqu'on se joint à un nouveau groupe et semble la meilleure lorsque le contexte nous échappe ou comme premier temps d'un plan d'intervention plus vaste. De plus, comme nous l'avons vu, ce mode permet assez rapidement d'occuper une position de «balance du pouvoir». En effet, lorsque les silencieux prennent enfin position une fois que les éléments sont bien en place, ils sont alors en très bonne position pour influencer la décision du groupe. Toutefois, pour utiliser volontairement un tel mode d'interaction, il faut adopter un ensemble de gestes de retenue, ce qui n'est pas facile pour tout le monde. Pour réussir, il faut savoir tolérer ses malaises.

Par ailleurs, un effet négatif à considérer est que cette stratégie isole les individus qui y ont recours des éléments les plus dynamiques du groupe. Ces personnes dynamiques, «celles qui prennent beaucoup de place», ont tendance à ne considérer véritablement que les personnes qui leur répondent activement. Elles ont souvent tendance à ne jeter qu'un regard furtif aux éléments les plus réservés du groupe.

Le risque de ce mode d'interaction est de le conserver alors que les enjeux importants sont traités dans le groupe. Aussi, lorsqu'on l'adopte volontairent, il faut faire attention de ne pas se faire prendre au jeu. On devra rester vigilant afin d'être encore en position de se faire entendre lorsque viendra le temps des enjeux plus importants. On aura tout intérêt à s'efforcer de prendre la parole régulièrement mais brièvement. L'objectif est de demeurer un interlocuteur que l'on prend au sérieux et d'éviter que les autres se lassent de notre inertie.

Un piège : *attente et espoir*

Le participant qui interagit sur le mode *discret* redoute d'avoir à trancher. Pourtant, son comportement attentiste l'entraîne fréquemment dans cette «fâcheuse» situation. À force d'attendre, il se retrouve parmi les dernières personnes à devoir s'exprimer. Il se retrouve sur la sellette. Tout le monde le regarde et attend qu'il se prononce. Le malaise qu'il vit alors s'approche de ce que peut ressentir l'individu qui se sent rougir. Il se sent coincé. Il ne peut plus reculer. Il sait que les autres savent ce qu'il ressent, ce qui ne fait qu'accentuer son malaise.

Son malaise vient généralement confirmer sa conviction que, dans un groupe, il vaut mieux ne pas se faire remarquer, qu'il vaut mieux adopter une conduite aussi discrète que possible. Ce sera pour lui la preuve qu'il est préférable de ne rien dire que de risquer à nouveau de vivre cette désagréable sensation qui l'envahit lorsqu'il sent tous les regards sur lui, lorsqu'il sent la pression des autres s'exercer. Ce malaise l'amène à s'exprimer de plus en plus souvent le dernier tout en lui enlevant les moyens de faire un résumé ou une bonne synthèse, ce qui fait que l'écoute des autres membres à son égard baisse, confirmant encore qu'il eût mieux valu qu'il se taise.

Le problème du participant sur le mode *discret* est qu'il conserve habituellement son attitude réservée même lorsque des enjeux importants sont traités dans le groupe ou lorsqu'il est en position de détenir la «balance du pouvoir». Ses interventions arrivent souvent avec un peu de retard et il ne fait que répéter des idées déjà exprimées. Trop nerveux, il donne lui-même l'impression que ses propos sont sans valeur. Il rate ainsi l'occasion d'influencer selon ses convictions le déroulement du travail.

Il accorde plus volontiers de la crédibilité aux autres qu'à lui-même, même sur les sujets où il est compétent. Il agit, de prime abord, comme si les autres étaient plus compétents que lui pour intervenir. En effet, affirmer son expertise l'amènerait alors à prendre position. Il serait le centre d'attention et il risquerait d'être contesté, des situations qu'il cherche à éviter. En évitant ainsi toute situation où il pourrait éprouver un sentiment de succès, il se persuade qu'il est préférable de rester dans l'ombre puisqu'il a moins de succès que d'autres. Il cherche à confirmer son image d'incompétence et réussit en partie car, à force de dire qu'il n'est pas bon, les autres finissent par le croire, ou du moins par ne pas rechercher activement son opinion. Il enregistre cette réaction des autres comme un rejet qui confirme sa piètre opinion de lui-même. Ce personnage ne refuse pas de s'engager, il ne s'exclut pas. Il a seulement peur de ne pas être accepté des autres membres du groupe. Si le groupe ou quelques membres influents s'opposent à ses idées, le participant qui interagit sur le mode *discret* a tendance à se retirer. Il est porté à abandonner la partie s'il rencontre de l'opposition.

De plus, poussée à l'extrême et partagée par plusieurs, son attitude peut entraîner une certaine apathie au sein du groupe et une peur du risque. Le groupe ne sortira pas des sentiers battus. Le besoin de sécurité peut prendre le pas sur tous les autres. La soif de changement et le goût du risque peuvent s'éteindre.

Une clé : *l'audace*

Le participant sur le mode *discret* est en situation de changement et d'apprentissage lorsqu'il fait preuve d'audace. Il y est amené par la valorisation de son apport par les autres membres du groupe. Lorsqu'il arrive à se faire confiance, lorsqu'il sent qu'on l'accepte tel qu'il est, sans exigence, alors il peut faire preuve d'une certaine «audace». C'est-à-dire, par exemple, qu'il se risquera à s'exprimer en premier, ou sans cadre de référence, sans préparation. Il se risquera à avancer ses propres idées ou projets sans être certain, malgré le soutien qu'il a pu recevoir, de comment les autres vont réagir.

Cependant, d'emblée il déteste ces situations. Il consacre énormément d'énergie à tenter de deviner ce qui serait accepté par les autres. Il ne développe d'autres manières d'interagir que s'il ne réussit pas à deviner les attentes des autres, que si la situation le force à abandonner cette manière d'être. Il innove par rapport à ses conduites habituelles lorsqu'il abdique et sort de sa réserve, lorsqu'il ne cherche plus à se conformer aux normes du groupe. Il apprend lorsqu'il cherche plutôt à exprimer ce qu'il veut dire. Pour sortir de sa réserve, ce personnage doit donc risquer d'aller à l'encontre de ce qu'il croit que les autres désirent entendre. Bien sûr, il risque de se tromper quelquefois, mais à d'autres occasions, il sera gagnant.

Tout ce qui apporte une réponse claire et nette à son besoin d'être accepté des autres stimule le participant sur le mode *discret*. Un soutien de tous les instants et une confiance explicite le stimulent grandement. Tout ce que ce personnage demande c'est un peu de considération. Il souhaite être là, parmi les autres. Il craint d'être exclu mais ne veut pas être remarqué. Il vit entre la crainte de se faire pointer du doigt et le risque de se faire oublier.

Pour s'en faire un allié, ce qui pourrait éventuellement faire pencher la balance en notre faveur, il est nécessaire de toujours être accueillant envers lui. On doit le valoriser dans ce qu'il est et ce qu'il fait. On doit lui démontrer explicitement notre appui. Il faut lui transmettre clairement le message que nous l'aimons ou du moins que nous l'acceptons comme il est. Être doux et tendre avec lui est une obligation. N'oublions pas qu'il possède souvent la «balance du pouvoir» lors des prises de décisions. Il s'agira alors de l'inviter à s'exprimer, en évitant, évidemment, de le brusquer ou d'être perçu comme insensible ou agressif, ce qui ébranlerait sa confiance.

Il n'est toutefois pas question ici d'user de procédés plus ou moins teintés d'hypocrisie, car ce personnage est sensible aux ruses. Il faut rester dans le domaine du sincère ou, à tout le moins, du plausible. On tentera de le stimuler à exprimer sa vision du problème et à formuler une solution, tout en étant attentif à ses résistances personnelles. À la limite, on l'incitera à s'exprimer par le biais de sa capacité à jouer un rôle d'arbitre. On l'appuiera dans sa capacité à identifier le compromis possible entre les propositions déjà connues.

Par ailleurs, rappelons qu'il préfère rester en retrait, qu'il n'est pas porté à plonger en eaux troubles ou dans le feu de l'action. Aussi, on a tout intérêt à l'inviter à intervenir le plus tôt possible dans les débats car, abandonné à lui-même, il laisse souvent dégénérer certaines situations jusqu'au conflit, ou c'est en se plaignant plutôt qu'en s'affirmant qu'il tentera d'obtenir un compromis.

Chapitre 9

En résumé : accepter la diversité dans le groupe

La paille dans un œil et la poutre dans l'autre, nous cherchons les explications aux misères du groupe chez les autres. Notre égocentrisme naturel nous rend tous quelque peu aveugles. Il nous porte à essayer de comprendre les autres participants à une réunion à partir de nos propres convictions et souvent sans égards pour les leurs. En effet, il est si facile de juger que monsieur X n'aurait jamais dû faire tel ou tel geste, mais il est parfois difficile d'admettre qu'il était peut-être de bonne foi et bien intentionné.

En fait, comme pour bien des aspects de la vie, le travail de groupe devient plus supportable, voire agréable, lorsqu'on admet que, comme le dit l'adage, personne n'est parfait, y compris soi-même ! Chacun fait simplement son possible. Il n'y a pas de prescription idéale pour assurer la production et la participation en groupe. Le travail de groupe est plus acceptable lorsque nous reconnaissons les « petits travers » des autres et apprenons à vivre avec eux, lorsque nous apprenons à mieux nous voir et à mieux voir les autres, en reconnaissant leurs besoins et leurs contributions au groupe. Malheureusement, ceux-ci ne sont pas toujours complémentaires aux nôtres.

Il n'est pas question de changer les autres, ni de se changer soi, mais simplement de prendre conscience du système de croyances et de convictions qui sous-tend notre façon d'interagir et des systèmes de ceux qui interagissent avec nous. Il ne s'agit pas non plus d'être victime de ce que l'on est. Il s'agit plutôt de reconnaître et de mieux cerner son propre effet sur le reste du groupe et de s'efforcer de saisir le lien entre notre dynamique personnelle et celle du groupe. Aussi, vaut-il mieux comprendre les «petits travers» des autres, de même que les nôtres.

Les portraits cliniques qui servent à l'interprétation du profil représentent un cadre de référence pour mieux comprendre pourquoi il est si difficile de s'entendre en groupe malgré les bonnes intentions qui nous animent. Nous espérons dédramatiser la difficulté de travailler en groupe et stopper la recherche d'un bouc émissaire pour expliquer ce qui va mal, ou du miracle qui transformera le groupe.

Tableau synthèse des modes d'interaction en groupe

Pierre Mongeau, Ph. D., psychologue, professeur, UQAR;
Jacques Tremblay, M. Ps., psychologue, consultant organisationnel.

		MODES D'INTERACTION EN GROUPE					
		PROACTIFS			*RÉACTIFS*		
		Impulsif	**Convaincant**	**Analyste**	**Strict**	**Sceptique**	**Discret**
CARACTÉRISTIQUES	**CONVICTION DE BASE**	Tout groupe nécessite la participation de chacun.	Tout groupe n'existe que par l'adhésion des membres à un projet.	Tout groupe a continuellement besoin de clarifier ses objectifs.	Tout groupe doit se donner et respecter des règles et des méthodes de travail.	Tout groupe n'est que l'expression des intérêts individuels.	Tout groupe repose sur l'acceptation des différences de chacun.
	CONTRIBUTION	Dynamise	Rallie	Clarifie	Structure	Examine	Appuie
	PIÈGE	Provocation	Popularité	Explication	Rigidité	Présomption	Attente
	CLÉ	Complicité	Différenciation	Engagement	Pragmatisme	Confiance	Audace
		Investissement et engagement ↑ *préoccupé par la production*		Investissement et engagement ≈ *préoccupé par le fonctionnement*		Investissement et engagement ↓ *préoccupé par les échanges*	

CHAPITRE 10

Les fondements théoriques

> Autant on est suspect face à un chercheur qui affirme quelque chose pour la première fois, autant on est suspect face au praticien stéréotypé qui répète les mêmes interventions avec tous ses clients. Pour réussir dans l'univers académique il faut s'intégrer; pour réussir dans l'univers professionnel, il faut innover. Lorsque le dialogue s'établit entre chercheurs et praticiens, les premiers sont à l'affût de ce qu'on peut *re*connaître, les seconds valorisent ce qu'ils ont créé.
>
> Y. Saint-Arnaud (1992)

D'une réunion à l'autre, il nous arrive tous de reconnaître certains types de participants ou de manières d'être et d'agir. Certains participants manifestent une manière d'interagir avec les autres reconnaissable d'un groupe à l'autre. Au fil des ans, chacun développe sa typologie personnelle de ces manières d'agir. Pour les uns, il y a les rebelles, les doux, les critiques, etc. Pour les autres, il y a les modes bavards, silencieux ou «juste corrects», etc. Nos observations manquent souvent de rigueur et sont soumises à tous les aléas de la perception individuelle. De plus, nos expériences personnelles sont habituellement limitées à certaines catégories de rencontres ou de groupes.

Plusieurs auteurs ont tenté de systématiser pour nous une typologie des modes d'interaction en groupe. Essentiellement, ces auteurs peuvent être regroupés en deux catégories : les praticiens et les universitaires. L'appellation «praticiens» désigne les auteurs qui ont tenté, sur la base de leur expérience professionnelle, de dégager quelques grands types de participants. La plupart de ces spécialistes du travail de groupe, psychosociologues[1] ou autres, ont procédé d'une façon similaire à celle de n'importe quelle personne qui participe souvent à des réunions de groupe. Ils ont ainsi élaboré des portraits cliniques relativement impressionnistes et grandement comparables aux catégories qu'un habitué de réunions de groupe peut lui-même élaborer. Ces auteurs se sont appuyés sur leurs observations et leurs analyses personnelles. Par contre, leur expérience auprès des groupes est habituellement très riche et vaste. De plus, ils occupent, de par leur position de consultant extérieur au groupe, une position d'observation privilégiée. Cependant, leurs typologies, aussi riches soient-elles, ne possèdent malheureusement pas la rigueur nécessaire pour être scientifiquement reconnues.

L'appellation «universitaires» désigne, quant à elle, les chercheurs qui ont utilisé des méthodes de la recherche scientifique pour étudier les groupes. Paradoxalement, malgré le fait que le travail de groupe repose d'abord et avant tout sur les interactions entre les personnes et malgré le nombre considérable de publications dans ce domaine, l'étude scientifique des modes d'interaction propres aux simples participants a été délaissée au profit de l'étude des modes d'interaction des membres exerçant une certaine forme de leadership ou d'autorité. Les universitaires se sont plus intéressés aux effets des modes de direction d'un groupe qu'aux effets des modes d'interaction entre les membres. Très peu ont réellement étudié les modes d'interaction des participants comme tels. De plus, la plupart de ces recherches concernant ces modes d'interaction ont surtout porté sur l'effet des caractéristiques personnelles ou psychosociales (attitudes, climat, valeur, etc.) des membres d'un groupe sur les interactions des autres membres (Gill, Menlo et Keel, 1984). Seuls Bales (1950, 1970) et Saint-Arnaud (1989) semblent s'être directement intéressés à l'identification de ces modes d'interaction au sein de groupes restreints.

Les travaux de recherche des universitaires ont permis de dégager des aspects fondamentaux du développement et du maintien d'un groupe : interactions, phases de développement,

1. Spécialistes des processus d'interaction entre les individus d'une part, et les groupes, les organisations ou la foule d'autre part.

leadership, etc. Ils n'ont toutefois pas permis l'émergence d'une véritable typologie scientifique des modes d'interaction en groupe. Ils ont plutôt donné naissance à des modèles théoriques d'où sont issues des grilles d'analyse, certes fines et précises, mais dont l'utilité pratique n'est pas toujours évidente.

Les praticiens

La plus grande partie des connaissances, des données cliniques et des savoir-faire accumulés sur le fonctionnement des groupes restreints est essentiellement le fruit du travail de réflexion de nombreux praticiens. Ces connaissances et savoir-faire constituent l'héritage de centaines sinon de milliers de personnes essentiellement préoccupées par l'action. On n'a qu'à penser aux nombreux formateurs qui ont œuvré à l'institut Bethel dans le Maine ou à Esalen en Californie, ou dans un des nombreux autres centres qui ont proliférés à travers le monde. Tous ces gens ont participé ou participent encore à l'essor du domaine. Même Lewin, théoricien et fondateur de la dynamique des groupes, était grandement préoccupé par les retombées pratiques de ses recherches.

La masse d'informations accumulées est aujourd'hui impressionnante. Les manuels d'animation de groupe ne se comptent plus, ni leurs nombreuses recommandations. La plupart des publications visent à aider les responsables ou coordonnateurs de groupes à organiser et à diriger des réunions de toutes sortes. Leurs auteurs présentent habituellement une typologie des participants de façon à indiquer au lecteur la «meilleure» façon de réagir à ces personnages. Ces ouvrages destinés au grand public ont commencé à se répandre au début des années soixante.

Parmi les auteurs les plus souvent cités, mentionnons Ryan (1962). Dans son ouvrage sur le travail en comité, il présente une énumération d'une vingtaine de participants types correspondant à autant de modes d'interaction :

le maniaque du concret, l'obsédé de cas particuliers, l'esclave de ses intérêts personnels, le méfiant professionnel, le perpétuel silencieux, l'homme d'une idée, monsieur Tout-le-monde, l'avocat du bon sens, l'avocassier, le partisan, le théoricien en l'air, le diplomate, l'artiste du compromis, le mollusque, le verbomoteur, le chevalier des grands principes, l'obstructeur, l'artiste de la disgression, l'« outsider », le dominateur, le critique « in absentia », le bonne-ententiste.

Tous ces participants types représentent en quelque sorte les rôles les plus souvent joués en groupe. Ils constituent les personnages d'une pièce appelée «groupe». Ils sont d'ailleurs repris sous une forme ou une autre par la plupart des auteurs.

De même, Gourgand (1969) identifie plusieurs portraits déjà classiques dans la littérature sur les groupes : *le bavard, le silencieux, le critique, l'agressif, le raisonneur, le passif, le scrupuleux, le rieur et l'hypocrite*. De plus, il présente les principaux traits du participant idéal et responsable : il arrive à la réunion avec le désir d'y participer; il est disponible; il tait ses préjugés et préférences; il est sûr de lui et sans agressivité; il écoute et est prêt à changer d'avis (en fait, si tous les groupes étaient composés de tels participants, la psychosociologie des groupes ne se serait probablement jamais développée!). Par ailleurs, cet auteur note trois grandes réactions fréquentes parmi les participants. Ces réactions définissent indirectement autant de modes d'interaction. Il y a le *chercheur-de-coupable*, le *s'il-n'en-tenait-qu'à-moi* et finalement le *perfectionniste*. Le premier cherche à savoir «*c'est la faute à qui?*». Le deuxième pense que les choses iraient mieux s'il pouvait décider seul. Le dernier n'accorde le droit à l'erreur à personne, sauf peut-être à lui-même!

À peu près à la même époque, Mucchielli (1968), Beauchamps, Graveline et Quiviger (1976) s'en tiennent à quatre personnages plus problématiques : *le bavard, le silencieux, le déviant et le fuyant*. Réduisant plus encore le nombre de personnages typiques, Demory (1986) les regroupe en deux grandes catégories : *ceux exerçant une influence positive* et *ceux exerçant une influence négative*. Les positifs sont : *l'apaiseur, l'analyste, l'expert, le secrétaire, le clarificateur, l'accélérateur et l'encourageur*. Les négatifs sont : *le critiqueur, le freineur, le pessimiste, le joyeux drille, l'opposant systématique, l'agressif dominateur, l'indifférent, le prétentieux et le manipulateur*. Ainsi, après être parti avec Ryan d'une galerie de vingt portraits, nous en sommes réduits à deux catégories : *les bons* et *les méchants*.

Un peu plus tard, Lebel (1983) se défend de vouloir refaire une de ces typologies de participants correspondant à des traits de caractère mais il n'en présente pas moins lui aussi quatre personnages : *l'impératif* qui croit qu'il a toujours raison; *l'attentif* qui écoute et observe tout et chacun; *l'effacé* qui reste en retrait et *le coopératif* qui joue le jeu.

Récemment, Simon et Albert (1990) mentionnent à leur tour une dizaine de rôles. Aux formulations et identifications habituelles de personnages (*dominateur, bluffeur, blâmeur,* etc.), ils ajoutent *le dur, le tendre* et *le froid.* Ces trois derniers personnages ont la particularité, par rapport aux précédents, d'être strictement définis en fonction de critères émotifs. D'autre part, Boisvert, Cossette et Poisson (1991) ont, à la manière de Demory (1986), regroupé en bons et méchants tous ces mêmes participants types régulièrement mentionnés dans la littérature. Les positifs sont ici : *l'informateur, l'attentif, le coopératif, le fignoleur, le stimulateur, le médiateur, le pacifiste, l'analyste, le clarificateur et l'expert,* tandis que les négatifs sont : *le méfiant, le silencieux, le maniaque du concret, l'agressif, le oui-oui, le bavard, le théoricien, l'obstructionniste, le hors d'ordre, le dominateur et le bouffon.*

À la suite de ces énumérations, remarquons d'abord qu'une certaine vision manichéenne des modes d'interactions semble toujours sous-tendre les diverses catégorisations. On retrouve presque chaque fois une division du groupe avec d'un côté les méchants participants et de l'autre les bons participants, les mauvais comportements d'un côté et les bons de l'autre et ce, sans que l'on puisse toujours être certain de ce qui détermine l'appartenance à un clan plutôt qu'à l'autre. Remarquons aussi qu'il existe une certaine constance et une certaine convergence entre toutes ces diverses typologies de participants. D'une part, plusieurs appellations demeurent les mêmes d'un auteur à l'autre (le *bavard*, le *silencieux*, l'*expert*, etc.) et, d'autre part, plusieurs descriptions de personnages se ressemblent sous des noms différents (l'*hypocrite/bluffeur*, le *tendre/pacifiste*, le *dominateur/impératif*, etc.). Cette relative convergence entre les portraits cliniques développés par les praticiens s'étend aussi à d'autres champs d'étude que le groupe (famille, communication, management, etc.). Par exemple, Satir (1980) identifie des styles de communications similaires à partir de ses 30 années de pratique de la thérapie familiale systémique. Elle présente ses styles comme des modèles relationnels universels. Il y a *celui-qui-accepte-tout*, le *blâmeur*, le *programmé*, *celui-qui-est-hors-propos* et *celui-qui-est-au-bon-niveau.*

Au moins deux publications évitent cette dichotomie dans les modes de participation, celles d'Enriquez (1981) et de Mongeau et Tremblay (1991). Cependant, Enriquez s'intéresse plus aux interactions de l'intervenant auprès d'un groupe, tandis que Mongeau et Tremblay limitent leurs portraits à ceux qui cherchent à influencer le groupe. Le premier identifie *le formateur, le thérapeute, l'accoucheur, l'interprétant, le militant, le réparateur, le transgresseur* et *le destructeur*. Les seconds décrivent *le vendeur, la vedette, le juge* et *le scout.* Chez ces auteurs, aucun de ces personnages n'est meilleur ou pire que les autres. Ils ont tous leurs défauts et leurs qualités.

Par ailleurs, les convergences et les constances observées entre les multiples descriptions cliniques permettent de supposer que les divers modes d'interaction existant dans un groupe pourraient être directement issus de la situation de groupe. Ils seraient, selon cette hypothèse, la manifestation de forces psychosociales à l'œuvre dans les petits groupes. Ces forces entraîneraient, à travers les processus d'échanges, l'émergence de certains rôles. Lesquels rôles seraient adoptés par les participants en fonction de leurs affinités personnelles avec ces rôles. Pour illustrer ce propos, disons simplement que si plusieurs personnes habituellement silencieuses dans leur groupe respectif sont réunies dans un même groupe, la plus timide d'entre elles deviendra la *silencieuse* du groupe tandis que la relativement plus osée «prendra» le rôle de *bavarde.*

Avec cette approche, les étiquettes diagnostiques apposées sur les comportements des membres (participant silencieux, bavard, etc.) représentent plutôt des attributs du rôle ou des fonctions qu'exercent ces personnes dans le groupe. L'étiquette diagnostique devient relative au contexte. En conséquence, les portraits cliniques élaborés par les auteurs n'illustreraient en fait que les retombées psychologiques de l'exercice de divers rôles (animation, direction, représentant, etc.) ou de diverses fonctions (stimulation, organisation, orientation, etc.) générés par la vie du groupe. Ils constituent ainsi l'amorce d'une sociopsychologie[1] de la participation dans les petits groupes.

1. Tel que le soulève De Visscher (1991), si la psychosociologie est l'étude des processus d'interaction, la sociopsychologie correspond à l'étude de leurs conséquences psychologiques.

Les universitaires

L'étude formelle du fonctionnement des petits groupes de travail a commencé à se répandre dans les universités avec les travaux de Lewin (1959, 1972). Ses travaux sur les styles de leadership *autocrate*, *démocrate* et *laisser-faire* ont particulièrement influencé l'orientation et le développement des recherches en ce domaine. Ils ont donné lieu à une ribambelle d'études qui s'imposent aujourd'hui tant par leur nombre que par leur diffusion. Les chercheurs les plus connus se sont intéressés à l'effet des styles de leadership ou d'autorité dans un contexte organisationnel (Argyris, 1970; Bennis, 1984; Blake et Mouton, 1964, 1969; Hersey et Blanchard 1977, 1989; Lippitt et White, 1965; Lewin, 1959, 1972; Saint-Pierre, 1975; Vroom et Yetton, 1973). Leurs travaux ont surtout porté soit sur l'identification des différents effets de ces styles de leadership ou d'autorité sur la participation de l'ensemble des membres d'un groupe, soit sur l'identification de la pertinence de ces styles d'autorité ou de leadership dans telle ou telle situation. Ainsi, par exemple, il est aujourd'hui généralement admis que, parmi ces trois styles, le *démocrate* est celui qui favorise le plus la participation, et que l'*autoritaire* est plus efficace en situation d'urgence.

Bien que les trois styles — *autocrate*, *démocrate* et *laisser-faire* — soient parfois utilisés pour catégoriser le mode d'interaction de certains participants, ils n'ont pas été définis de façon à rendre compte des phénomènes explicitement reliés aux interactions entre simples participants. Ces styles portent directement sur la façon d'influencer plutôt que sur la façon de participer en général. Ils s'appliquent d'abord et avant tout au diagnostic des styles d'exercice du leadership ou de l'autorité. Aussi, même s'ils peuvent permettre l'identification de certaines tendances chez les participants, les renseignements qu'ils fournissent demeurent vagues en rapport avec leur réel mode d'interaction. Ainsi, un tel sera jugé plus *autocrate* ou *directif* dans sa façon d'intervenir. Un autre sera classé parmi les *laisser-faire* parce qu'il ne semble pas préoccupé par les discussions, tandis qu'on appréciera particulièrement l'écoute et la collaboration d'un autre plus *démocrate*. Ces recherches issues des travaux de Lewin n'ont donc pas entraîné l'élaboration de véritables instruments d'évaluation des interactions dans un groupe.

Par ailleurs, une tradition de recherche centrée sur le groupe plutôt que sur le leader et ses effets s'est aussi développée. Comme le souligne Maisonneuve (1980), Benne et Sheats y ont joué un rôle de précurseurs. L'exercice du leadership y est présenté comme un rôle parmi d'autres propres au groupe. Ces rôles émergent directement de la situation de groupe. C'est le groupe qui crée la fonction. Une personne exerce du leadership parce qu'elle est dans telle situation de groupe et non pas parce qu'elle «aurait» personnellement du leadership. Hors de cette situation, elle n'a pas nécessairement de leadership. De plus, chaque personne possède des qualités qui peuvent être pertinentes à un moment ou l'autre de l'évolution du groupe, et pourra alors exercer une influence sur l'ensemble du groupe. Si les comportements sont fonction de la situation du groupe, il devient possible de concevoir que le leadership soit réparti entre plusieurs membres selon différentes dimensions de la vie du groupe. Telle personne très méthodique influencera la structuration du travail tandis qu'une autre plus sensible modifiera le climat du groupe.

Précisément, selon Benne et Sheats, les grandes dimensions de la vie du groupe sur lesquelles les personnes peuvent exercer leur influence sont au nombre de trois : la *tâche*, l'*entretien* et les *besoins individuels*. La *tâche* se rapporte au travail à faire. Elle est ce qui explique et motive la création d'un groupe de travail. L'*entretien* fait référence au maintien de la qualité de la vie collective. Quant aux *besoins individuels*, ils ne concernent pas directement les individus en tant que membre du groupe mais plus largement en tant que personne. Ces trois dimensions de la vie d'un groupe suscitent l'émergence de différents rôles au sein de ce groupe. Par exemple, les rôles de *lanceur d'idées*, de *coordonnateur*, d'*informateur*, de *secrétaire*, etc., sont relatifs à la dimension *tâche*. Les rôles socio-affectifs de *médiateur* ou de *protecteur* sont relatifs à l'*entretien*. Finalement, certaines attitudes personnelles viennent définir les rôles individuels : rôle de l'*avocat*, du *cynique*, du *supérieur*, du *soumis*, etc.

Les trois grandes dimensions définies par Benne et Sheats ont toutefois été complétées et précisées. Deux de ces dimensions font aujourd'hui consensus, l'une se rapportant à la *tâche* et l'autre aux *relations entre les personnes*. À chacune de ces dimensions a été associée une forme d'énergie disponible au groupe.

À la dimension *tâche* est associé le concept d'énergie de production, à la dimension *relations entre les personnes* est associé celui d'énergie de solidarité. Par ailleurs, en amont et en aval de ces deux formes d'énergie s'ajoute maintenant les énergies *résiduelle* et d'*entretien* (Anzieu et Martin, 1982; Saint-Arnaud, 1989). L'énergie *résiduelle* correspond à l'énergie non disponible au groupe tandis que l'énergie d'*entretien* correspond aux efforts que les membres d'un groupe déploient pour tenter de régler les problèmes au fur et à mesure qu'ils se présentent. Cette énergie d'*entretien* est en quelque sorte, pour reprendre l'expression de Saint-Arnaud, une taxe à la participation, un prélèvement pour assurer le fonctionnement du groupe. L'énergie *résiduelle* correspond ainsi aux *besoins individuels* inassouvis dans le groupe et l'énergie d'*entretien* correspond à l'*organisation* de la vie du groupe.

Aujourd'hui, tel que le mentionnent Coté et ses collaborateurs (1986), la plupart des divers modèles théoriques du leadership, comme ceux de Blake et Mouton, Likert, Reddin, Hersey et Blanchard, prennent comme point de départ l'existence de ces dimensions primordiales que sont la *tâche* et les *relations*.

À l'inverse de ces chercheurs, ces deux dimensions — *tâche* et *relations* — constituent un point d'arrivée plutôt qu'un point de départ pour Misumi (1985, 1988). Plutôt que d'observer les conséquences de styles de leadership définis à l'avance, ce chercheur a cherché à définir différents styles à l'aide d'analyses statistiques de données recueillies par questionnaire, c'est-à-dire de façon empirique. Plus précisément, il a effectué des analyses factorielles. Ce type d'analyses permet d'identifier des regroupements de questions appelés facteurs. En analysant le contenu des questions d'un même groupe, on peut alors définir le «style» qu'elles mesurent. Ses premiers résultats ont permis d'identifier six groupes de questions (ou facteurs). De façon à augmenter la fiabilité et la validité statistique de ces regroupements, il les a d'abord réduits à trois regroupements plus larges. Puis, finalement, il ne retiendra que deux grands regroupements. Le premier est intitulé *pression pour la production* et le deuxième, *entretien de bonnes relations dans le groupe*. Le regroupement qui a été sacrifié était intitulé *organisation*. On constate donc ici aussi la résurgence des mêmes dimensions de la vie de groupe : l'une centrée sur la *tâche à faire*, l'autre sur les *relations entre les membres* et une dernière en rapport avec l'*organisation* du groupe, c'est-à-dire ses règles de fonctionnement.

De même, Bales (1950, 1970) et Saint-Arnaud (1989), qui ont plus directement étudié les interactions dans un groupe, considèrent ces dimensions intrinsèquement reliées à l'existence même du groupe. Les dimensions *tâche* et *relations* constituent la base du modèle de Bales. Il les nomme aires *socio-opératoire* et *socio-affective*. Le modèle de Saint-Arnaud reprend aussi ces mêmes dimensions de *tâche* et de *relations*. Il y ajoute cependant la dimension *entretien* identifiée par Benne et Sheats ainsi que par Anzieu et Martin.

Le modèle de Bales est directement centré sur l'analyse des interactions entre les individus. Il comporte 12 catégories issues de l'évaluation des comportements des membres en fonction de trois zones d'interaction et six types de problèmes. Le travail de Bales a ainsi permis de mettre en évidence et de bien distinguer les comportements reliés à l'atteinte de la tâche de ceux reliés à l'établissement et au maintien de bonnes relations dans le groupe. Il a permis de bien dégager de façon opérationnelle ses aires *socio-opératoire* et *socio-affective*. Son modèle présente cependant l'inconvénient de diviser les comportements reliés au socio-affectif de façon manichéenne, comme les praticiens ont tendance à le faire, plutôt que strictement descriptive comme l'exigerait la rigueur scientifique. Il divise les comportements en bons ou mauvais pour le fonctionnement du groupe. Cet aspect du modèle de Bales est donc autant prescriptif que descriptif. Il demeure par contre plus descriptif au niveau socio-opératoire. À ce niveau, il y a, globalement, les comportements d'«interrogation» et ceux de «réponse». Grossièrement, certains participants questionnent tandis que d'autres offrent des solutions. Le modèle de Bales atteint, tel que le mentionnent Anzieu et Martin, une rigueur et une précision généralement inutiles au simple participant. Aussi, malgré que ce modèle ait connu ses heures de gloire, il est aujourd'hui pratiquement abandonné tant à cause de sa complexité que de sa lourdeur qui en font une entrave plutôt qu'un outil.

Dans le modèle de Saint-Arnaud, les interactions sont explicitement considérées. En fait, elles constituent en quelque sorte l'élément central du modèle. Elles sont séparées en deux catégories. Il y a, d'une part, les interactions entre chacun des membres et l'objectif du groupe qu'il nomme cible commune et, d'autre part, les interactions entre les membres eux-mêmes. Les interactions entre chacun des membres et l'objectif du groupe sont associées à la notion de *production* et au concept d'*axe de participation*, tandis que les interactions entre les membres sont associées à la notion d'*énergie* de solidarité de groupe et au concept de *cercles d'interactions*. En simplifiant, on peut dire que la participation des membres y est analysée en fonction de leur «production», c'est-à-dire en fonction de leur contribution à la tâche, tandis que les relations entre les membres sont analysées en fonction de leur «solidarité» avec d'autres membres, c'est-à-dire en fonction de leur manière de participer ou plus exactement de leur affinité de position avec d'autres membres sur l'axe de participation.

Dans ce modèle du groupe, la participation est représentée par un axe composé de cinq positions où chaque membre oscille en fonction de sa contribution, ici et maintenant, à la production du groupe. La première position, appelée *centre*, correspond à un investissement maximum de la part du participant. La personne occupe alors une position centrale dans le groupe. Elle cherche directement à influencer ce qui se passe, soit au niveau du contenu, soit au niveau du processus. La deuxième position, appelée *émetteur*, correspond à la personne qui donne son opinion. La troisième, appelée *récepteur*, correspond à celle qui écoute. La quatrième, appelée *satellite*, correspond à la personne qui est dans la lune ou attentive à autre chose que ce qui préoccupe le groupe dans son ensemble. La dernière position, appelée *absent*, correspond à l'absence physique et concrète des lieux. D'autre part, la solidarité entre certains membres est représentée par des cercles d'interactions. On rencontre ainsi couramment dans les groupes le cercle des centres, celui des émetteurs-récepteurs et celui des satellites. D'une certaine façon, la disponibilité de chacun étant plus grande à l'égard des membres de son cercle d'interactions, l'appartenance à un ou plusieurs de ces cercles de solidarité détermine la réceptivité de chacun des membres à l'égard des autres.

Toutefois, malgré leur richesse et leur précision, ni l'axe de participation ni les cercles d'interactions du modèle de Saint-

Arnaud ne permettent de dégager une typologie des modes d'interaction. L'étude séparée des interactions entre, d'un côté, les personnes et la tâche et, de l'autre, entre les personnes elles-mêmes n'a pas entraîné la synthèse d'une telle typologie. L'analyse de la participation y demeure comportementale et technique. La dimension émotive y est occultée. En fait, il s'agit plus de grilles d'observation à des fins de recherche que d'instruments pour élaborer une typologie des modes de participation en groupe.

Deux mondes parallèles

À la suite de ce bref survol des travaux des praticiens et des scientifiques concernant la participation en groupe, force est de constater que les deux mondes sont restés parallèles. Le travail des praticiens n'a pas été directement repris et développé par les scientifiques. Seules les catégories de Bales se rapprochent des portraits cliniques des praticiens. On les retrouve dans la plupart des manuels «sérieux» de psychosociologie, mais rares sont les praticiens qui s'en servent.

Cependant, les grilles développées par les chercheurs pour l'analyse et l'observation de l'exercice de l'autorité et du leadership ont été largement reprises et utilisées sur le terrain. Elles sont utilisées jusqu'à la limite de leur validité. Elles servent à l'identification des styles d'animation ou de conduite des réunions, à l'identification des tendances des participants, etc. (Sorez, 1977; Vanoye, 1976). Cependant, tel que le soulignent Aebischer et Oberle (1990), ces deux dimensions (centralisation sur la tâche, centralisation sur les relations) ne permettent ni de prévoir les effets de tel ou tel type de comportement, ni de définir un style de leadership idéal. Beaucoup d'autres éléments entrent en ligne de compte : les attitudes, les besoins, les attentes; les normes et les valeurs; les caractéristiques et les exigences particulières d'une tâche ou d'une situation; les caractéristiques du groupe et de l'organisme, etc.

De plus, les grilles d'analyse les plus répandues ne sont pas neutres au point de vue des valeurs. Qu'il s'agisse des styles *autocrate*, *démocrate*, *débonnaire* ou *laisser-faire* de Lewin et ses collaborateurs, ou encore des styles *9,1; 1,9; 1,1; 5,5* ou *9,9* de Blake et Mouton (1987), il y en a toujours un qui est supposé meilleur ou plus efficace que les autres. Il y a un présupposé sous-jacent à l'utilisation de cette hiérarchisation des styles dans les multiples sessions de formation souvent offertes aux cadres. En leur présentant ainsi une grille diagnostique et en affirmant en même temps qu'un mode d'interaction est meilleur qu'un autre en groupe, on suppose que les personnes que sont les participants à ces sessions pourront en changer volontairement selon les situations qu'ils rencontreront; comme on s'habille différemment selon la situation.

Nos 13 années de pratique infirment quant à nous cette supposition. Nos observations nous portent plutôt à croire que chacun fait son possible en toute bonne foi et dans les limites qui sont les siennes. Chacun fait ce qu'il peut avec ce qu'il est. Nous croyons que nos limites nous définissent tout autant que nos ressources.

Bien sûr, selon le contexte, certains styles sembleront plus appropriés. Mais qui, à moins d'avoir un contrôle sur soi digne des meilleurs comédiens, peut de manière réaliste prétendre pouvoir changer de mode d'interaction et de manière d'être aussi vite que changent et évoluent les diverses situations de groupe auxquelles il peut être confronté? Un changement de mode d'interaction n'est pas un changement de costume. Il s'agit là d'un travail de longue haleine et, même lorsqu'on réussit à en changer, on ne peut pas disposer de soi comme d'un vêtement et en changer à nouveau au besoin. Au mieux, on apprend à se connaître ou, plus précisément encore, on apprend à reconnaître notre manière d'être et d'agir en groupe. On apprend à vivre tant bien que mal avec les autres malgré nos sympathies et antipathies. On apprend à reconnaître leurs contributions à la bonne marche du groupe et à admettre chez nous-même nos inévitables faiblesses.

En résumé, les travaux des praticiens et des scientifiques concernant les modes d'interaction en groupe demeurent parallèles. La majorité des typologies issues de praticiens concernent les modes d'interaction, tandis que la majorité de celles issues des universitaires concernent le leadership. De plus, les travaux des praticiens sont très peu considérés par les scientifiques et les études des scientifiques sont peu utilisées par les praticiens. Lorsqu'elles le sont, elles proviennent essentiellement de champs connexes, tels que l'étude du leadership, et charrient une vision manichéenne de la participation.

Ainsi, l'élaboration rigoureuse d'une véritable typologie des modes de participation reste à faire. Pourtant, l'acharnement des praticiens à réinvestir dans de telles tentatives devrait à lui seul justifier la pertinence d'un tel travail mais en plus, comme le souligne Clapier-Valladon (1986), à tort ou à raison l'intérêt de la population en général pour une telle typologie est toujours vif. La soif de se connaître demeure. Aussi, c'est d'abord à ce besoin que nous avons cherché à répondre avec un brin de rigueur, mais sans renier la richesse clinique si chère aux praticiens.

Nous avons donc cherché à élaborer une typologie des modes d'interaction en groupe proche des préoccupations du participant qui cherche à mieux connaître sa propre manière de participer à des groupes ou qui cherche à savoir à qui il a affaire. Nous avons voulu étudier les modes d'interaction en groupe en tenant compte des données empiriques utilisées par les praticiens tout en y introduisant une rigueur scientifiquement plus satisfaisante.

La méthode de la recherche

La meilleure voie pour amorcer l'élaboration d'une typologie des modes d'interaction en groupe tout en cherchant à réconcilier les points de vue des praticiens et des universitaires nous a semblé être une approche empirique similaire à celle utilisée par Cattell (1952, 1956), puis par Eysenck (1956), Guilford (1954) et autres «factorialistes». Leur approche s'appuie sur l'analyse des relations statistiques entre des réponses données à un questionnaire. Elle cherche à y dégager des grands facteurs explicatifs. Cette méthode statistique est appelée *analyse factorielle*. Récemment, Misumi (1985, 1988) a utilisé cette méthode pour élaborer une typologie des modes d'exercice du leadership. Cette approche présente l'avantage de dégager avec rigueur certains traits sous-jacents aux questions posées. Par contre, le plus grand reproche fait à cette méthode est justement qu'elle s'appuie sur l'analyse de réponses données à un questionnaire. Aussi, elle ne peut «trouver» que ce qui a préalablement été «mis» dans le questionnaire. Cette méthode ne peut, en aucun cas, permettre d'identifier des facteurs autres que ceux reliés aux questions qui composent le questionnaire utilisé.

Pour contrer cette faiblesse de la méthode, nous avons voulu nous appuyer sur des observations faites par des praticiens sur les participants. Nous avons donc colligé pendant quelques années divers commentaires, observations et remarques faits par des praticiens sur les participants. Ces commentaires et remarques concernaient principalement les actions, les émotions et les convictions des participants. Nous avons ainsi recensé et recueilli plus de 300 affirmations. En éliminant les répétitions et les formulations inappropriées, un questionnaire de 75 énoncés fut élaboré. Les répondants devaient y indiquer leur degré d'accord ou de désaccord avec chacun des énoncés sur une échelle en quatre points : en accord, plutôt en accord, plutôt en désaccord, en désaccord.

Ce premier questionnaire a été prétesté auprès d'environ 80 personnes. Les énoncés donnant lieu à de mauvaises interprétations ou ne pouvant être associés à aucun facteur furent éliminés à la suite de ce prétest; 30 furent conservés. L'ordre d'apparition de ces 30 énoncés dans la version finale du questionnaire a été établi au hasard. Ce questionnaire a ensuite été soumis à un échantillon de 92 sujets composé de trois groupes d'environ 30 personnes. Il s'agissait de groupes d'étudiants et d'étudiantes inscrits à des programmes de premier cycle universitaire de formation à l'animation des petits groupes dans les régions de Montréal, Lévis et Rimouski. Dans tous les cas, il s'agissait d'adultes sur le marché du travail dont l'âge variait entre 20 et 40 ans. Tous les sujets ont répondu sur une base volontaire et anonyme.

Les données recueillies à l'aide de cette version du questionnaire ont ensuite été soumises à plusieurs analyses statistiques (analyse factorielle en correspondances principales et classification automatique) de manière à faire ressortir les regroupements d'énoncés significatifs. Les calculs ont été effectués sur microordinateur à l'aide des logiciels Systat et Staview.

Les résultats

Les résultats sont globalement en accord tant avec les travaux des praticiens qu'avec ceux des scientifiques. En fait, ces analyses ont révélé la possibilité de regrouper les énoncés selon trois différents niveaux d'interprétation (voir l'annexe pour le détail des analyses statistiques et leurs résultats).

Un premier niveau d'interprétation regroupe les énoncés selon une tendance très générale des participants soit à prendre les devants lors des échanges, soit à réagir aux autres. La première tendance correspond à un mode d'interaction où le participant manifeste une propension à proposer et à prendre des initiatives lors des discussions. La deuxième correspond à un mode d'interaction où le participant manifeste plutôt une propension à attendre et à s'exprimer plus tard. La première a été intitulée tendance à être *proactif* et la deuxième, tendance à être *réactif*. Le deuxième niveau d'interprétation regroupe quant à lui les énoncés selon les trois dimensions du travail de groupe généralement identifiées dans la littérature, c'est-à-dire la production d'une tâche, l'entretien du bon fonctionnement du groupe et la qualité des relations. Ce deuxième niveau d'interprétation semble correspondre à une certaine sensibilité des participants à l'une ou l'autre de ces dimensions de la vie d'un groupe. Aussi, ces trois regroupements ont respectivement été intitulés : *production, fonctionnement et échanges*. Finalement, le dernier niveau d'interprétation regroupe les énoncés en six noyaux de cinq énoncés définissant le «cœur» des personnages virtuels présentés dans cet ouvrage.

Le premier niveau d'interprétation, en fonction de la tendance générale à être *proactif* ou *réactif* aux événements, est nouveau par rapport à la littérature sur les groupes. Cependant, il s'agit de tendances largement connues dans les études factorielles. Elles ressortent sous différentes appellations depuis le début du siècle, le plus souvent sous des vocables proches des notions d'intraversion et d'extroversion empruntées à Jung. Dans ce cas-ci, les termes proactif et réactif nous ont semblé plus appropriés pour décrire des modes généraux d'interaction en groupe car les appellations intraversion et extroversion, nous apparaissaient trop près des notions et concepts liés aux théories de la personnalité. Rappelons que l'objectif de la présente recherche n'était nullement d'élaborer d'un test de personnalité mais simplement de mieux cerner certaines manière d'être et d'agir en situation de groupe. Par contre, cette convergence entre nos résultats et ceux traditionnellement observés contribue à valider notre instrument de recherche.

De plus, on retrouve aussi un semblable niveau d'interprétation dans les travaux de Misumi (1988) sur le leadership. Lors de ses travaux préliminaires pour l'élaboration de son questionnaire de recherche, ce chercheur a d'abord identifié six facteurs. Puis, pour assurer une plus grande facilité d'interprétation, il en a réduit le nombre à seulement deux. Il a intitulé ces deux grands facteurs *pression pour la production* et *entretien de bonnes relations*. Le regroupement des résultats en deux grands facteurs semble confirmer que, au-delà des appellations choisies, deux grandes tendances chapeautent d'autres niveaux d'analyse.

Selon nous, ces deux tendances générales, qu'elles s'appellent *proactive/production/extroversion* ou *réactive/entretien/intraversion*, seraient plus intrinsèquement reliées à des éléments constitutifs de la personnalité. En effet, ces tendances sont identifiées et connues des psychologues depuis fort longtemps. D'ailleurs, tel que le souligne Clapier-Valladon (1986), cette tendance bipolaire à l'extroversion/intraversion n'est que la réapparition dans un langage scientifique de la dualité déjà mentionnée par Platon et Hippocrate, et que l'on rencontre dans plusieurs philosophies orientales. Par contre, les autres niveaux d'interprétation refléteraient plus directement des aspects issus de la situation de groupe.

Ainsi, le deuxième niveau d'interprétation (en fonction d'une certaine sensibilité à la *production*, au *fonctionnement* ou aux *échanges* entre les membres) est directement relié à la littérature scientifique sur le groupe. En effet, ces trois dimensions du groupe sont fondamentales dans tous les modèles théoriques du groupe aujourd'hui reconnus. De plus, la plupart des praticiens qui donnent des sessions de formation au travail de groupe se réfèrent à ces dimensions. Durant ces sessions, dire d'un individu qu'il est centré sur la tâche, le fonctionnement du groupe ou les relations ne surprend personne.

Finalement, le dernier niveau d'interprétation (en fonction de six regroupements d'énoncés) indique la possibilité d'établir des styles d'interaction en groupe comme le présupposent les praticiens dans leur élaboration de portraits cliniques. Ces six regroupements d'énoncés ont permis d'identifier six modes distincts d'interaction en groupe. Plusieurs des personnages décrits ici recoupent d'ailleurs certains portraits développés par les praticiens. Plusieurs parallèles peuvent être établis : le discret/l'effacé/

le passif/le silencieux/le tendre/etc.; le sceptique/le blâmeur/le critique/le chercheur-de-coupable/etc.; le strict/le programmé/le scrupuleux/le fignoleur/le perfectionniste/etc.; l'analyste/le clarificateur/le froid/l'analyste-raisonneur/etc.; le convaincant/le diplomate/l'encourageur/le manipulateur/le médiateur/etc.; l'impulsif/l'impératif/l'agressif/le dominateur/le dur/etc. Toutefois, ces personnages s'éloignent, dans leur description, de la tendance manichéenne observée, chez les auteurs praticiens, à identifier des «bons» et des «mauvais» participants. Ici, chaque personnage à ses zones «fortes» et «faibles». Aucun n'est meilleur ou pire qu'un autre. Tous contribuent à leur façon à la démarche du groupe. Chacun a ses pièges et ses ressources.

Selon les résultats observés, l'apparent parallélisme des approches scientifique et pratique pourrait refléter des sensibilités plus complémentaires qu'opposées. Les recherches scientifiques mettent en lumière des dimensions générales de la vie d'un groupe, tandis que les praticiens montrent l'existence de différents modes d'interaction entre les participants. Il s'agit de différents niveaux d'analyse. Aucun n'est plus vrai ou plus faux que l'autre. Ils ne se réfèrent tout simplement pas aux mêmes aspects. Par ailleurs, nos résultats indiquent qu'il est possible d'établir une convergence entre les modèles théoriques des universitaires et les grilles diagnostiques des praticiens. En effet, à partir d'affirmations issues du monde des praticiens, nous avons identifié des groupements ayant leurs correspondants conceptuels dans les modèles des universitaires.

Cependant, la liste de personnages présentée ici n'est pas exhaustive. Elle est directement tributaire des énoncés recueillis et traités. D'autres styles d'interactions, d'autres nuances ou encore de meilleures définitions sont certainement possibles. Malgré cette limite, les six personnages identifiés offrent une base assez rigoureuse pour mieux cerner les modes d'interaction privilégiés par chacun dans un groupe de travail. Ces personnages constituent une grille d'analyse moins arbitraire que la plupart de celles habituellement utilisées. Aussi, l'instrument de recherche développé peut être utilisé par des participants pour alimenter leur réflexion sur leur manière d'interagir avec les autres en situation de groupe. En effet, une personne peut, en comparant ses réponses à celles de notre échantillon, amorcer une réflexion diagnostique sur ses modes privilégiés d'interaction en groupe.

ANNEXE

Analyses statistiques et résultats

Un premier exercice de classification a été fait à partir des corrélations entre les énoncés du questionnaire de façon à découvrir les similitudes de «comportement» entre ces énoncés. Cette opération a mis en lumière d'une part l'existence de six petits groupes de cinq énoncés (voir le tableau I) et, d'autre part, la division des énoncés en deux grands groupes réunissant chacun trois petits groupes de cinq énoncés (voir le tableau II). Dans les tableaux, les lettres devant les chiffres correspondent aux premières lettres des appellations des personnages, et les chiffres, aux numéros des questions dans le questionnaire.

Un premier groupe rassemble cinq énoncés caractérisés par l'impulsivité. C'est pourquoi le mode d'interaction qu'ils suggèrent a été nommé : *impulsif.*

Énoncés du groupe 1

1. J'ai tendance à exprimer promptement mon avis.
9. Je m'exprime souvent sous le coup de l'impulsion.
15. Je m'exprime d'abord spontanément et j'analyse ensuite.
24. Je ne peux m'empêcher d'exprimer ce que je pense ou ce que je ressens.
30. Les autres savent généralement ce que je pense d'eux.

Un deuxième groupe rassemble cinq énoncés caractérisés par la persuasion. C'est pourquoi le mode d'interaction qu'ils suggèrent a été nommé : *convaincant.*

Énoncés du groupe 2

5. Il est important que je sois perçu-e parmi les gagnants-es.
11. J'utilise toutes les occasions pour obtenir l'adhésion à mes propositions.
13. J'ai besoin qu'on approuve ouvertement mes interventions.

16. Je m'exprime souvent pour tenter de persuader, de vendre une idée ou un projet.
28. J'ai un tempérament de vendeur ; je cherche à convaincre tout le monde.

Un troisième groupe rassemble cinq énoncés caractérisés par l'analyse. C'est pourquoi le mode d'interaction qu'ils suggèrent a été nommé : *analyste*.

Énoncés du groupe 3

2. Je fais souvent part de mes analyses.
6. J'interviens surtout pour mettre en perspective l'ensemble des éléments.
7. Lors d'un conflit, je communique ma compréhension des enjeux.
14. Je m'exprime souvent pour faire des liens avec les objectifs du groupe.
29. Il est essentiel de bien établir où l'on va.

Un quatrième groupe rassemble cinq énoncés caractérisés par le respect des règles et des procédures. C'est pourquoi le mode d'interaction qu'ils suggèrent a été nommé : *strict*.

Énoncés du groupe 4

4. Je suis préoccupé-e par le respect de l'horaire.
17. Mieux vaut risquer d'être mal jugé-e que de laisser le désordre s'installer.
20. Je m'assure toujours que les règles et procédures soient respectées.
25. Il est essentiel de s'efforcer d'être structuré, sinon c'est le chaos.
26. Je m'assure toujours que les tâches soient équitablement réparties entre les membres.

Un cinquième groupe rassemble cinq énoncés caractérisés par le doute. C'est pourquoi le mode d'interaction qu'ils suggèrent a été nommé : *sceptique*.

Énoncés du groupe 5

8. Je me fie peu aux autres.
18. Je doute des bonnes intentions des autres
21. Se méfier de quelqu'un c'est le respecter.

22. Il faut toujours être aux aguets et chercher à savoir à qui profitera une décision.
23. Lors de problèmes interpersonnels, j'ai tendance à tout ramener à un conflit d'intérêts.

Un sixième groupe rassemble cinq énoncés caractérisés par une certaine réserve. C'est pourquoi le mode d'interaction qu'ils suggèrent a été nommé : *discret.*

Énoncés du groupe 6

3. J'appuie plus souvent que je ne propose.
10. Je suis plutôt effacé-e.
12. Les personnes qui prennent trop de place m'intimident.
19. Je reste toujours silencieux-se lors de confrontations entre d'autres membres.
27. Il m'arrive fréquemment de noyer mes idées parmi celles des autres.

De plus, lorsque les procédures de classification et d'analyse de correspondances sont appliquées à ces six regroupements, elles font clairement réapparaître les deux grands regroupements déjà identifiables lors des calculs effectués directement à partir des résultats aux énoncés plutôt que sur les regroupements (voir les tableaux I, II et III).

La première catégorie de modes d'interaction réunit les modes *impulsif, convaincant* et *analyste*. La deuxième réunit les modes *strict, discret et sceptique* et (voir les tableaux II et III). Dans le premier cas, il s'agit de modes d'interaction où l'individu est plutôt actif. Il surprend, argumente ou fait part de ses analyses. Tandis que dans le deuxième cas, il s'agit plutôt de modes d'interaction où l'individu réagit à ce qui se passe. Il écoute, examine ou réglemente. Ces deux regroupements définissent ainsi deux modes distincts d'interaction en groupe intitulés respectivement *proactif* et *réactif.*

Par ailleurs, comme il est mentionné dans le manuel du SPSS : «Factor analysis and cluster analysis need not always arrive at the same variable grouping, but it is comforting when they do[1].» Aussi, de façon à confirmer la validité de ces regroupements des

1. Norusis, M. J., *Statistical Package for Social Science* (SPSS) Base System User's Guide, p. 363.

énoncés, deux analyses de correspondances ont été effectuées. L'une a été établie sur six facteurs directement à partir des énoncés et l'autre sur deux facteurs à partir des résultats aux ensembles de cinq énoncés. Dans l'ensemble, les analyses par classification automatique et celles en correspondances principales donnent lieu aux mêmes six regroupements. Les valeurs de l'inertie relative de chaque énoncé pour chacun des facteurs sont indiquées dans le tableau IV. Les énoncés regroupés par la classification automatique sont en italiques et ceux dont l'inertie est supérieure à 0,5 sont en caractères gras. L'analyse des résultats obtenus a ainsi permis d'identifier les énoncés les plus significatifs en regard de ces regroupements, c'est-à-dire ceux dont l'inertie est supérieure à 0,5.

TABLEAU I
Classification en fonction du coefficient de corrélation

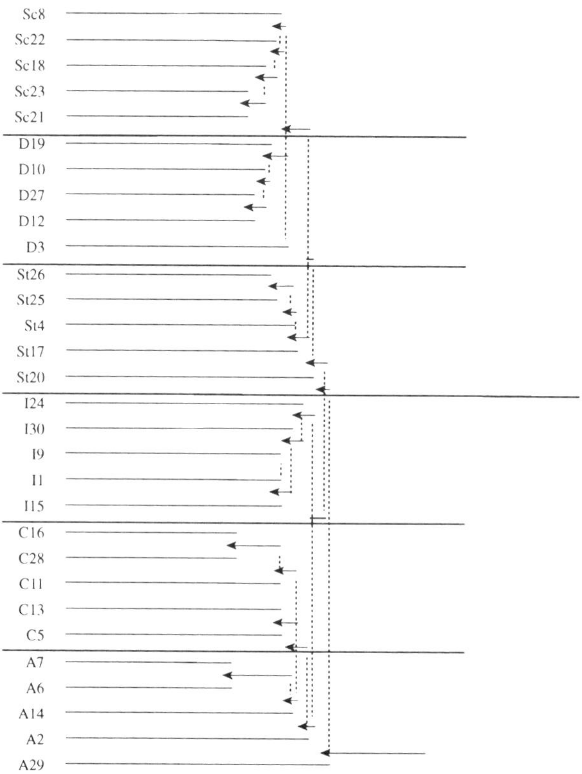

TABLEAU II
Classification des modes en fonction du coefficient de corrélation

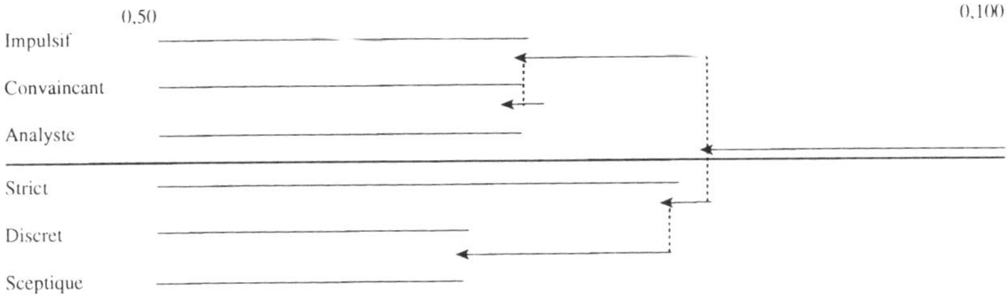

TABLEAU III
Inertie des personnages sur les facteurs 1 et 2

	Facteur 1	Facteur 2
Analyste	**0,678**	0,101
Impulsif	**0,652**	-0,174
Sceptique	0,101	**0,749**
Strict	0,116	**0,592**
Convaincant	**0,731**	0,158
Discret	-0,482	**0,715**

TABLEAU IV
Inertie relative des énoncés (solution oblique sur six facteurs)

	Facteur 1	Facteur 2	Facteur 3	Facteur 4	Facteur 5	Facteur 6
q1	***0,692***	0,011	0,033	0,165	-0,098	-0,001
q2	0,149	0,122	0,153	*0,468*	-0,086	-0,183
q3	0,208	-0,037	-0,107	-0,206	0,139	***0,711***
q4	0,102	0,021	***0,742***	-0,152	0,248	0,006
q5	-0,044	0,292	-0,002	0,133	***0,573***	-0,072
q6	0,062	0,083	0,058	***0,684***	0,11	-0,027
q7	-0,115	-0,066	-0,242	***0,686***	0,249	-0,169
q8	0,178	***0,586***	-0,055	0,158	0,052	0,124
q9	***0,614***	0,092	0,017	-0,062	0,096	-0,119
q10	-0,245	0,027	0,108	-0,167	0,001	***0,504***
q11	0,002	-0,028	-0,012	0,314	***0,68***	0,116
q12	-0,006	0,14	-0,022	0,003	0,212	***0,643***
q13	-0,103	0,157	0,146	-0,05	***0,759***	0,101
q14	0,091	0,003	-0,01	***0,766***	0,011	0,108
q15	***0,723***	-0,026	-0,065	-0,075	0,082	0,188
q16	0,393	0,027	-0,034	-0,019	*0,431*	-0,004
q17	-0,037	3,403E-4	***0,594***	0,005	-0,048	-0,138
q18	0,024	***0,64***	0,03	0,162	-0,003	0,293
q19	-0,172	0,007	0,159	0,148	-0,164	***0,6***
q20	-0,127	-0,029	***0,563***	0,319	0,082	-0,091
q21	-0,192	***0,716***	-0,008	-0,112	0,02	-0,074
q22	0,187	***0,685***	0,161	-0,001	0,049	0,03
q23	-0,069	***0,773***	-0,047	-0,063	0,111	-0,038
q24	***0,535***	-0,246	0,439	0,058	-0,019	0,016
q25	0,021	0,097	***0,727***	0,072	-0,043	0,175
q26	0,001	0,028	***0,536***	-0,047	-0,137	0,294
q27	-0,049	0,225	-0,044	0,068	-0,275	***0,655***
q28	0,259	-0,122	-0,058	-0,036	***0,635***	-0,14
q29	-0,341	-0,07	0,233	*0,436*	0,021	0,072
q30	*0,457*	0,109	-0,059	0,066	-0,046	-0,258

Les réponses aux 30 énoncés du questionnaire ont aussi été soumises à une deuxième classification automatique en fonction de la proximité relative des variables de façon à mettre en valeur les regroupements possibles selon le résultat total à chaque énoncé. Cette méthode fait apparaître un troisième ensemble de regroupements (voir le tableau V). Cette deuxième classification automatique est aussi largement confirmée par l'analyse de correspondance (voir le tableau VI).

Les résultats réunissent cette fois les énoncés par groupes de deux modes d'interaction. Ils regroupent ensemble les énoncés se rapportant d'abord aux modes *convaincant* et *impulsif* ensuite, aux modes *strict* et *analyste*, et finalement aux modes *discret* et *sceptique*. Ces regroupements peuvent être reliés aux modèles théoriques du groupe. En effet, les énoncés se rapportant au modes *convaincant* et *impulsif* ont pour caractéristique commune d'être centrés sur la production du groupe. Les participants interagissant sur ces modes contribuent surtout à l'avancement de la tache. Ils veulent que le travail avance, et qu'il avance le plus vite possible. Les participants interagissant sur les modes *discret* et *sceptique* sont surtout préoccupés par les échanges entre les gens. Les uns s'en méfient tandis que les autres les redoutent. Finalement, les participants interagissant sur les modes *strict* et *analyste* contribuent essentiellement au bon fonctionnement du groupe et à sa structure.

Du point de vue statistique, les énoncés des regroupements correspondant à chacun des six modes d'interaction, de même que les grands regroupements correspondant aux tendances à être *proactif* ou *réactif* ainsi qu'aux dimensions *production, fonctionnement* et *échanges*, sont suffisamment homogènes entre eux et distincts d'un regroupement à l'autre pour considérer qu'ils mesurent différents aspects de la participation en groupe. En fait, les coefficients de consistance interne de chacun de ces regroupements d'énoncés sont suffisamment élevés pour supposer qu'ils mesurent un même aspect de la participation en groupe (voir le tableau VII). De plus, les corrélations interregroupements sont toutes suffisamment inférieures aux coefficients de consistance interne de chacun de ces regroupements pour supposer que ces regroupements mesurent effectivement des dimensions distinctes de la participation (voir les tableaux VIII, IX et X).

TABLEAU V
Classification en fonction de la distance euclidienne

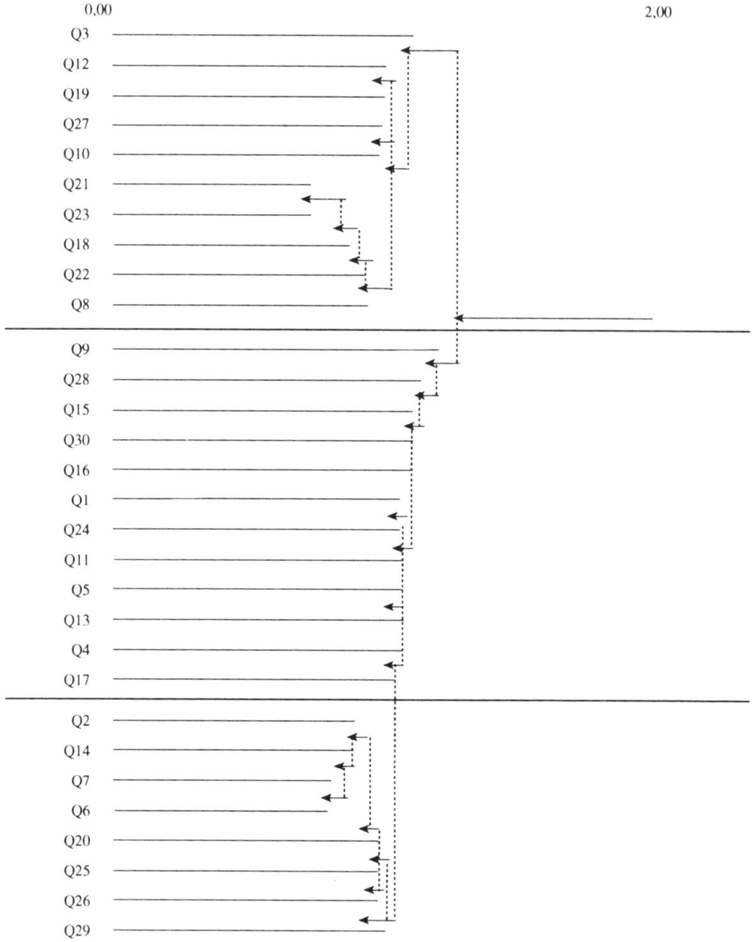

TABLEAU VI
Référence de la solution oblique sur trois facteurs

	Facteur 1	Facteur 2	Facteur 3
q1	**0,507**	-0,004	0,032
q2	0,317	-0,061	*0,351*
q3	-0,171	*0,443*	-0,17
q4	0,001	0,094	**0,539**
q5	*0,458*	0,356	0,081
q6	0,41	0,028	*0,434*
q7	0,491	-0,146	*0,215*
q8	0,248	**0,586**	-0,02
q9	**0,55**	0,07	-0,108
q10	-0,516	0,314	0,059
q11	**0,51**	0,204	0,223
q12	-0,16	**0,548**	0,031
q13	0,324	0,401	0,144
q14	0,343	0,003	*0,431*
q15	*0,471*	0,148	-0,166
q16	**0,568**	0,16	-0,065
q17	-0,123	-0,105	*0,495*
q18	0,007	**0,705**	0,077
q19	-0,497	0,28	0,274
q20	0,006	-0,099	**0,675**
q21	-0,055	**0,582**	-0,121
q22	0,195	**0,627**	0,052
q23	0,111	**0,68**	-0,137
q24	*0,269*	-0,198	0,362
q25	-0,221	0,153	**0,653**
q26	-0,368	0,149	*0,435*
q27	-0,467	*0,486*	0,018
q28	**0,649**	0,006	-0,062
q29	-0,151	-0,071	**0,503**
q30	*0,484*	-0,051	-0,1

TABLEAU VII

Coefficients de consistance interne des regroupements

Sceptique	0,75
Discret	0,73
Strict	0,68
Impulsif	0,68
Convaincant	0,68
Analyste	0,62
Échanges	0,73
Production	0,72
Fonctionnement	0,63
Proactif	0,71
Réactif	0,66

TABLEAU VIII

Corrélations intermodes

	Discret	Sceptique	Strict	Convaincant	Analyste
Sceptique	0,324				
Strict	0,206	0,157			
Convaincant	-0,14	0,172	0,05		
Analyste	-0,193	0,076	0,131	0,315	
Impulsif	-0,265	0,002	0,022	0,279	0,163

TABLEAU IX

Corrélations entre les trois dimensions

	Production	Fonctionnement
Fonctionnement	0,21	
Échanges	-0,11	0,11

TABLEAU X

Corrélations entre les deux grandes tendances

	Proactif
Réactif	-0,06

Bibliographie

Aebischer, V. et Oberle, D., *Le groupe en psychologie sociale*, Paris, Dunod, 1990.

Anzieu, D. et Martin, J., *La dynamique des groupes restreints*, Paris, P.U.F., 1968, 1982.

Argyris, C., *Participation et organisation*, Paris, Dunod, 1970.

Bales, R. F., *Interaction Process Analysis : A Method for the Study of Small Groups*, Cambridge, Addison-Wesly, 1950.

Bales, R. F., *Personality and Interpersonal Behavior*, New York, Holt, Rinehart and Winston, 1970.

Beauchamps, A., Graveline, R. et Quiviger, C., *Comment animer un groupe de travail*, Montréal, Les Éditions de l'Homme, 1976.

Bennis, W., «The 4 Competencies of Leadership», *Training and Development Journal*, 1984, p. 15-19.

Blake, R. R. et Mouton, J. S., *The Managerial Grid*, Houston (Texas), Gulf Publishing Company, 1964.

Blake, R. R. et Mouton, J. S., *Les deux dimensions du management*, Paris, Éditions d'organisation, 1969.

Blake, R. R., Mouton, J. S. et Allen, R. L., *Culture d'équipe, Team Building*, Paris, Éditions d'organisation, 1988, 1987.

Boisvert, D., Cossette, S. et Poisson, M., *Animation de groupes*, Montréal, Agence d'Arc, 1991.

Cattell, R. B., *Factor Analysis*, Westport (Connecticut), Greenwool Press, 1952.

Cattell, R. B., *La personnalité : étude systématique, théorique et concrète*, Paris, P.U.F., 1956.

Clapier-Valladon S., *Les théories de la personnalité*, Paris, P.U.F., coll. Que sais-je? n° 2321, 1986.

Coté, N., Abravanel, H., Jacques, J., Bélanger, L. et Bergeron, J., *Individu, groupe et organisation*, Chicoutimi, Gaëtan Morin, 1986.

Demory, B., *Comment animer les réunions de travail en 60 questions*, Montréal, Agence d'Arc, 1986.

De Visscher, P., *Us, avatars et métamorphoses de la dynamique des groupes — une brève histoire des groupes restreints*, Grenoble, Presses Universitaires de Grenoble, 1991.

Enriquez, E., « Petite galerie de portraits de formateurs en mal de modèle », *Connexion*, 1981, vol. 33, p. 93-109.

Eysenck, H. J., *Us et abus de la psychologie*, Neuchâtel, Delachaux et Nestlé, 1956.

Gill, S. J., Menlo, A. et Keel, L. P., « Antecedents to Member Participation Within Small Groups : A Review of Theory and Research », *Journal for Specialists in Group Work*, mai 1984, p. 68-76.

Gourgand, P., *Les techniques de travail en groupe*, Toulouse, Privat, 1969.

Guilford, J. P., *Psychometric Methods*, New York, McGraw-Hill, 1954.

Hersey, P., *Le leader situationnel*, Paris, Éditions d'organisation, 1989.

Hersey, P. et Blanchard, K. H., *Management of Organizational Behavior : Utilizing Ressources*, Prentice-Hall, 1977.

Lebel, P., *L'animation des réunions*, Paris, Éditions d'organisation, 1983.

Lewin, K., *Psychologie dynamique — Les relations humaines*, Paris, Presses Universitaires de France, 1972, 1959.

Lippitt, R. et White, R. R., « Une étude expériementale du commandement et de la vie de groupe », dans Lévy, A., *Psychologie sociale — Textes fondamentaux*, Paris, Dunod, 1965.

Maisonneuve, J., *La dynamique des groupes*, Paris, Presses Universitaires de France, coll. Que sais-je ?, 1980.

Misumi, J., *The Behavioral Science of Leadership. (2e éd.)*, Ann Arbor, Michigan University Press, 1985.

Misumi, J. et Hafsi, M., « La théorie de Leadership de PM (Performance-Maintenance) : une approche japonaise de l'étude scientifique du leadership », *Bulletin de psychologie*, 1988, vol. XLII, nº 392, p.727-736.

Mongeau, P. et Tremblay, J., *L'impact maximum. Être meilleur en réunion,* Paris, Maxima, 1991 (*Règles et stratégies pour exercer un leadership efficace ou l'art d'influencer sans remords*, Montréal, Libre Expression, 1988).

Mucchielli, R., *La dynamique des groupes*, Paris, Librairies techniques, 1968.

Ryan, C., *Les comités : esprit et méthodes*, Montréal, Institut canadien d'éducation aux adultes, 1962.

Saint-Arnaud, Y., *Les petits groupes : participation et communication*, Montréal : Les Presses de l'Université de Montréal, Les Éditions du CIM, 1989.

Saint-Arnaud, Y., *Connaître par l'action*, Montréal, Les Presses de l'Université de Montréal, 1992.

Saint-Pierre, H., *La participation — pour une véritable prise en charge responsable*, Les Presses de l'Université Laval, 1975.

Satir, V., *Pour retrouver l'harmonie familiale — Peoplemaking*, Montréal, France-Amérique, 1980.

Simon, P. et Albert, L., *Les relations interpersonnelles*, Montréal, Agence d'Arc, 1990.

Sorez, H., *Pour conduire une réunion*, Paris, Hatier, 1977.

Vanoye, F., *Travailler en groupe*, Paris, Hatier, 1976.

Vroom, V. H. et Yetton, P. W., *Leadership and Decision-making*, Pittsburgh, University of Pittsburgh Press, 1973.

Extrait de notre catalogue

- S. Ballada, J.-C. Coille - ***Outils et mécanismes de gestion financière*** (coll. Les bases du savoir).
  Une vision pédagogique de la gestion financière qui s'articule autour de deux exigences complémentaires : maîtriser les outils d'une part, les rendre opérationnels d'autre part.

- C. Barbier, R. Dapère, C. Huber - ***Le zéro-panne par la Topomaintenance, la TPM à la française*** (coll. Stratégie de l'entreprise).
  La Topomaintenance s'inscrit dans une démarche de qualité totale en améliorant la productivité des installations par la réduction des dysfonctionnements. Écrit par des hommes de terrain, ce guide opérationnel fournit les informations, les outils et les techniques qui permettront la mise en œuvre et le succès d'un plan Topomaintenance.

- J. Bontje - ***L'auditor. Faites l'audit et le plan stratégique de votre entreprise*** (coll. Stratégie de l'entreprise).
  Destiné en priorité aux patrons de PME/PMI, cet ouvrage permet de réaliser un audit complet de l'entreprise et de son potentiel de développement.

- H. Carre - ***Le management des personnes. Diriger des salariés aujourd'hui*** (coll. Le Savoir en action).
  Il ne saurait y avoir de bon management sans management des personnes. Celui-ci est la responsabilité de tous les « managers », pas uniquement celle des cadres de la fonction ressources humaines..

- C. Cumunel - ***Lettre urgente aux cadres qui en ont ras le bol*** (coll. Soi et l'entreprise).
  Président de l'APEC (1991-1993) et porte-voix très écouté des cadres, Chantal Cumunel s'insurge contre les discours stéréotypés sur les privilèges des cadres. Cet essai en forme de mise au point, propose aux cadres des arguments pour répondre à ceux qui contestent leur rôle et leur fournit des propositions pour agir.

- G.B. Graen - ***Secrets de carrière*** (coll. Soi et l'entreprise).
  Ce que l'on ne vous a pas dit, et ce à quoi vous n'avez pas réfléchi avant de commencer une carrière. Et c'était l'essentiel ! Par une

série de conseils et de questions cet ouvrage vous permettra de mieux connaître votre potentiel, de savoir vous situer et d'améliorer votre position dans l'entreprise.

- B. Jarrosson - ***Décider ou ne pas décider ? Réflexions sur les processus de la décision*** (coll. Soi et l'entreprise).
Cet ouvrage montre que la décision, qu'elle soit professionnelle ou privée, va au-delà de la seule application d'un modèle : en tant qu'intéraction entre le décideur et le monde, elle est en effet un engagement de chacun vis-à-vis de son environnement et de son futur.

- B. Jarrosson - ***Briser la dictature du temps. Comprendre ce qu'est le temps pour mieux le vivre*** (coll. Soi et l'entreprise).
Il n'y a pas de problèmes de temps, il n'y a que des problèmes de sens. En redonnant leur sens au contenu de nos activités, nous passerions plus de temps à faire mieux certaines choses, nous perdrions moins de temps à faire mal trop de choses.

- C. Kennedy - ***Toutes les théories du management.***
En un volume, la présentation et la synthèse des idées des plus importants « gourous » du management qui ont élaboré les théories à la base de toutes nos méthodes modernes de gestion.

- T. Lamorlette et P. Rassat - ***Stratégie Fiscale Internationale*** (coll. Stratégie de l'entreprise).
Étude comparative sur les « refuges et paradis fiscaux » français et européens où les auteurs font un sort à beaucoup d'a priori et de fausses idées.

- G. Lautier - ***Contrats de travail : durée indéterminée ou déterminée, temps partiel, intérim, stage, apprentissage... : les réponses du conseiller*** (coll. Concrètement que dois-je faire ?).
40 modèles types de contrats de travail et plus de 100 clauses individuelles destinés à l'employeur et au salarié, 80 questions/réponses, pour leur permettre de rédiger le contrat le mieux adapté en comparant les avantages et les inconvénients de chacun.

- G. Lautier - ***Les rémunérations. Politiques et systèmes de salaires ; intéressement et individualisation : fixation et évolution des rémunérations. Comment faire évoluer son système de rémunération*** (coll. Concrètement que dois-je faire ?)
L'étude des différents systèmes pour faire évoluer sa rémunération.

- G. Lautier - ***Démission, départ négocié, licenciement, retraite, sanctions : les réponses du conseiller*** (coll. Concrètement que dois-je faire ?).
  Schémas, commentaires, questions/réponses, modèles de lettres destinées à l'employeur et au salarié pour leur permettre de comprendre le droit et de l'appliquer au quotidien.

- J. Mole - ***Business Guide européen. L'attitude adéquate avec vos partenaires en Europe*** (coll. Soi et l'entreprise).
  Best-seller traduit en huit langues, ce livre est un guide pratique du businessman en Europe : pays par pays, les cadres juridiques, les habitudes professionnelles, l'étiquette, etc. Il a été choisi comme livre de management de l'année par le *Financial Times*.

- P. Mongeau, J. Tremblay - ***L'Impact maximum - être meilleur en réunion*** (coll. Soi et l'entreprise).
  Convaincre/influencer : ce qui chez certains est un talent peut s'apprendre en assimilant des principes et des règles simples de comportement et de tactique.

- Préparation Francis Lefebvre, J.-F. Pasquier - ***Culture générale : l'épreuve de culture générale aux concours de catégorie A,*** (coll. Les bases du savoir).
  Méthodologie, conseils pratiques et annales corrigées de l'une des épreuves les plus importantes.

- R.H. Waterman - ***La stratégie des équipes ad hoc*** (coll. Le Savoir en action).
  Groupes de travail, « *task forces* », équipes de projet : c'est en marge de ses structures bureaucratiques que l'entreprise peut pleinement jouer le jeu de la créativité, de l'innovation et de la résolution de problèmes. Le nouveau best-seller de R.H. Waterman, dix ans après *Le Prix de l'Excellence.*

Achevé d'imprimer en juillet 1994
sur les presses de l'Imprimerie de l'Indépendant
53200 Château-Gontier
N° d'impression : 12942
Dépôt légal : 3e trimestre 1994
Imprimé en France